Inzwischen wird die vegane Lebensweise landauf und landab, sowohl in Deutschland, als auch in der Türkei und anderswo diskutiert. Filme und Zeitungsberichte über veganes Leben zeigen, wie lecker und gesund die Pflanzenküche ist.
Mit Band II und unseren neuen Lieblingsrezepten aus der Pflanzenküche wollen wir einen weiteren Beitrag zu Genuss, Gesundheit, Klimaschutz und zu mehr Nachhaltigkeit für Mensch und Tier leisten.

Mein Mann und ich haben im Juli 2012 unser veganes Leben begonnen und inzwischen ist auch in unserem direkten Umfeld die Akzeptanz immer größer geworden.
Neben interessierten Fragen und gern angenommenen Essenseinladungen bei uns daheim, ist auch in unserem schwäbischen Landkreis Dillingen veganes Leben immer mehr ein Begriff.
Ich selber bin gesünder, hab viel mehr Energie und mein Rheuma beschäftigt mich kaum noch. Meine Hausärztin bestätigt mir absolut gute Blutwerte im Vergleich der letzten 15 Jahre.
Heidi Terpoorten

Am tollsten find ich, dass unser Buch nicht nur von Menschen gekauft wird, die sich vegan/vegetarisch ernähren. Es ist schön, dass sich immer mehr mit diesem Thema beschäftigen und tierische Produkte von ihrem täglichen Speiseplan streichen - sei es aus gesundheitlichen Gründen, oder sei es wegen der Massentierhaltung. Medien decken immer mehr auf, was sich in der Massentierhaltung wirklich abspielt und dass z. B. Milch gar nicht so gesund ist, wie wir immer dachten.
Deshalb: Jede tierfreie Mahlzeit ist ein Gewinn für Mensch und Tier...
Petra Canan

TierfreiSchnauze II vereint schwäbische, türkische und weitere internationale vegane Rezepte für den TM31 und TM5.

Bibliografische Information der Deutschen Nationalbibliothek
Die Deutsche Nationalbibliothek verzeichnet diese Publikation in der Deutschen Nationalbibliografie; detaillierte bibliografische Daten sind im Internet über www.dnb.de abrufbar.

©2017

Herstellung und Verlag: BoD – Books on Demand, Norderstedt

ISBN: 9783744894715

Vorwort

Was haben wir eigentlich gegessen, bevor wir unser Leben, unsere Küche und vor allem unsere Ernährung veränderten?

Heute, mit all den vielfältigen Köstlichkeiten der Pflanzenküche, platzen unsere Küchen, die in Antalya und die in Binswangen, aus allen Nähten bzw. Schränken. Wir genießen die hinzugewonnene Gesundheit, Energie und freuen uns, einen Teil beizutragen zu einem tierfreundlichen und ressourcenschonenden Umgang mit unserer Erde und allen Lebewesen darauf.
Seit der Erscheinung unseres veganen Erstlingswerks, TierfreiSchnauze, vegan ist in - vegan macht kreativ, ist viel passiert.

Sowohl in Deutschland als auch in der Türkei gibt es immer mehr Menschen, die Widerstand leisten gegen die Ausbeutung von Mensch und Tier in der industriellen Massentierhaltung, ja generell gegen die "Nutzung" von Tieren in der Landwirtschaft. Die Medien schreiben bereits: Der Kampf um die Rechte der Tiere ist das neue gesellschaftliche Großprojekt für die folgenden Generationen.
Hierzu leisten wir mit TierfreiSchnauze I und II unseren Beitrag.

Wir erhielten viel Zuspruch und Unterstützung, auch viele Fragen.
Zahlreiche Diskussionen, Erfahrungen, zufriedene und neugierige Gesichter an unseren Esstischen haben dazu beigetragen, dass wir weiterhin fleißig vegane Rezepte für den TM entwickelten und hier mit Band II unsere neuesten Lieblingsrezepte präsentieren.

Wir sagen Danke für all die kreativen Köchinnen und Köche, die unsere Rezepte mögen und ihren Speiseplan damit erweitern.
Wir sagen Danke an alle, die uns inspiriert und unterstützt haben, die getestet, geprüft und mit ihren Ideen dazu beigetragen haben, dass unser Projekt Früchte trägt.
Wir sind glücklich und sehr dankbar über unser hier vorliegendes neuestes TierfreiSchnauze, denn es befriedigt die Gier auch ohne Tier.

Wir wünschen euch viel Freude beim Entdecken neuer Köstlichkeiten, beim Nachkochen und Ausprobieren, Experimentieren und Variieren.

Petra Canan & Heidi Terpoorten im Juli 2014

Allgemeine Infos:

Vegane Küche, vollwertig umgesetzt, mit hochwertigen Lebensmitteln aus ökologischer, nachhaltiger, fair gehandelter und kleinbäuerlicher Landwirtschaft, schafft gesunde Grundlagen für ein Leben im Einklang mit der Erde und allen Lebewesen darauf.
Biovegane Lebensmittel kommen zudem ganz ohne "tierische" Düngung etc. aus und bieten sich daher besonders an.

Hier die wichtigsten Nährstoffe und ihr Vorkommen zusammengefasst:

Eisen: Hülsenfrüchte, Vollgetreide, Ölsamen, Nüsse, Saaten, Gemüse, Trockenfrüchte, Meeresalgen, Zuckerrübensirup...

Jod: Am gesündesten in Algen, sonst, wenn nötig, in jodiertem Speisesalz...

Vitamin D: Geringe Menge in Pilzen, Avocados; täglich mind. 15 Minuten in die Sonne oder in Nahrungsergänzungsmitteln...

Zink: Vollgetreide, Hülsenfrüchte, Ölsamen, Nüsse...

Omega 3 Fettsäuren: Alpha Linolsäure in pflanzlichen Ölen wie Lein-, Hanf-, Walnuss- und Rapsöl, Nüssen, vor allem Walnüssen, Lein-, Chiasamen...

Vitamin B12: Angereicherte Lebensmittel, Zahnpasta oder Nahrungsergänzung. Verwertbar am besten als Methylcobalamin...

Kalzium: Dunkelgrüne Gemüsearten wie Grünkohl, Broccoli, Spinat, Wildpflanzen, Sesam, Nüsse...

Vitamin B2/Riboflavin: Hülsenfrüchte, Ölsamen, Pilze, Nüsse, Vollgetreide...

Protein/Eiweiß: Getreide, Hülsenfrüchte, Quinoa, Süßlupine, Sojaprodukte, Ölsamen...
– Hier machts der Mix.

Vollwertige Pflanzennahrung liefert wie keine andere einen Überfluss an all diesen wertvollen Ballast- und Vitalstoffen. Öfter mal schlau kombinieren empfiehlt beispielsweise Dr. Rüdiger Dahlke. Er empfiehlt, häufiger Getreide und Hülsenfrüchte in der selben Mahlzeit zu kombinieren, um die biologische Wertigkeit der pflanzlichen Eiweiße zu verbessern. Dann kann der Körper sie leichter in die Zellstrukturen einbauen.

Soja: Wir verwenden ausschließlich Sojaprodukte aus biologischem Anbau; nur damit ist ein wirksamer Schutz gegen das Abholzen des Regenwaldes für genmanipuliertes Soja sichergestellt.

Infos zum Buch: Unsere Rezepte sind so aufgeteilt, dass ein Ausspülen des Mixtopfes nicht nötig ist – außer es steht dabei. Wer mag, kann diesen natürlich gerne durchspülen.

Wir verwenden meistens **frische bzw. gefrorene Kräuter**, da diese geschmacklich am besten sind. Wer diese nicht zur Hand hat, nimmt einfach die halbe Menge an getrockneten Kräutern.

In den Rezepten wurde "getrocknet" mit "getr." abgekürzt, "gerieben" mit "ger.", "gestrichen" mit "gestr." und "gehäuft" mit "geh." .

Sämtliche **Gewürzmischungen** zu den Rezepten findet ihr zum Selbermixen in diesem Buch, sie wurden im **Rezept jeweils mit einem * markiert**. Die Rezepte vom **Suppengrundstock, der Bratensoßenpaste und unserem Kräutersalz** findet ihr in Band 1 oder auf unserer öffentlichen Facebookseite (siehe unten) in den **Notizen. Alles kann natürlich durch gekaufte Pülverchen ersetzt werden**, die Menge dementsprechend dem Geschmack anpassen. ☺

Pflanzendrink, Cuisine, Zucker, Zuckerersatz-Sirup und Öl könnt ihr in den Rezepten austauschen wie ihr wollt und wie es euch schmeckt,
aber Achtung: **Kaltgepresste Öle werden bei starkem Mixen bitter!!**
Genauso ist es bei der **Auswahl des Mehles**, dementsprechend dann die Wassermenge (bei süßen Sachen auch die Zuckermenge, Vollkornmehl braucht mehr Zucker) anpassen.
Zum Backen verwenden wir **Weinsteinbackpulver**. Ein Würfel **Hefe hat 42 g.**

Lupinenmehl aus Süßlupinen verwenden wir gerne als Ei-Geschmacks- und Farbersatz; daher bei den jeweiligen Rezepten wirklich auch Lupinenmehl verwenden - sonst schmeckts net so guat. ☺ Genauso **Rauchsalz**, bitte ohne Aroma, das schmeckt künstlich.
Bezugsquellenliste für sämtliche Zutaten siehe S. 137.

Aus Nachhaltigkeitsgründen kaufen wir überwiegend regionale **Bio-Produkte**.
Aus geschmacklichen Gründen verwenden wir ausschließlich **Tomatenmark aus dem Glas**.

Die Rezepte sind für ca. **3 bis 4 Personen** (je nach Hunger) berechnet.

Thermomix® ist eine geschützte Marke. Der Name wird hier nur genannt, da der Thermomix® bei der Zubereitung dieser Rezepte verwendet wird. Alle Angaben sind ohne Gewähr. Wir versichern, dass alles ausreichend getestet und kontrolliert wurde.

Alle Rezeptfotos mit manchen Schritt für Schritt Erklärungen findet ihr unter:

www.tierfreischnauze.de

Bei Fragen stehen wir euch dort und in unserer Facebookgruppe
Veggi-Thermohexen / TierfreiSchnauze auch gerne zur Verfügung. ☺

Inhaltsverzeichnis

Gewürzmischungen | Seite
Granatapfel-Essigsirup	14
Tahin – Sesampaste	14
Bärlauchpaste	15
Vondor	15
Currypulver	16
Vleischgewürz	16
Italy-Gewürzmischung	17
Salatkräuter-Mischung	17
Weihnachtsgewürz	18

Salate und Vorspeisen
Orientalisches gelbes Linsenpüree	20
Broccoli-Power Rohkostsalat	21
Mungobohnen-Granatapfel Salat	22
Karotten-Sesam Rohkostsalat	22
Gefüllte Tomaten	23
Türkisches Ezme	23

Suppen
Kürbissuppe orientalisch	25
Fruchtige Kürbis-Kokos Suppe	26
Maronen-Sesam Suppe	27
Zucchini-Pastinaken Suppe	28
Wilde Kräutersuppe	29
Spargelreste Suppe	30
Rotkohlsuppe	31

Hauptgerichte	Seite
Pressknödel	33
Ofenschnecken (partytauglich)	34
Spargelpizza	35
Cevapcici	36
Saure Austernpilze	37
Frittierte Saitühnchen mit griech. Reisnudeln	38
Kernige Gemüse-Lupinenbratlinge	39
Belugabällchen	40
Schwäbische Schupfnudeln mit mediterranem Kraut	41
Gefüllte getrocknete Auberginen	42 / 43
Linsen-Gnocchi	44
Krautkrapfen nach Mama Hoser	45
Türkische Mantı – gefüllte Teigtaschen	46 / 47
Gefüllte Kohlrabi mit roter Soß'	48
Kürbis-/Sellerieschnitzel	49
Rosenkohl-Hirsotto	50
Shiitake-Fenchel Risotto	51
Minifladen an geschmorten Fenchel-Tomaten	52 / 53
Türkische grüne Bohnen	54
Linsenbraten (Festtagsrezept)	55
Caponata – sizilianischer Gemüsetopf	56
Farinata – Kichererbsenfladen	57
Kräuter-Polenta	57
Djuvec Reis	58
Kartoffel-Hafer Knödel	59

Dips und Soßen	Seite
Sonnenblumencreme-Kräuterdressing	61
Avocado-Remoulade	61
Grünes Tomaten Chutney	62
Zucchini-Paprika Chutney	63
Rhabarber-Ketchup	64
Süßer Feigensenf	65
Erdnuss-Bärlauchsenf	65
Süß/scharfer Rhabarbersenf	66
Pizzasoße auf Vorrat	66
Ajvar	67
BBQ Soße	68
Minzsoße mit Zucchinispaghetti	69
Rohkost-Sommersoße	69
Feigen-Chili Soße	70
Linsenbolognese	71
Orangen-Linsensoße	72
Tempehzola-Spinatsoße	73
Räuchertofu-Ragù	74
Spargelsoße auf Vorrat	75
Salbei-Zitronen Pesto	75
Rucola Pesto	76
Bärlauch Pesto	76

Süßes	Seite
Rohkostpudding Schoko-Chili	78
Leinsamen-Beeren Pudding	78
Chiapudding "Froschkönig"	79
Avocado-Mohn Eis	80
Apfel-Gurken Eis	80
1001 Nacht Eis	81
Kokos-Bananen-Stracciatella Eis	81
Orangen-Kokos Parfait	82
Lupineneis Vanille	83
Zwetschgenmichl mit Vanillesoße	84
Reis-Mais-Hirse Waffeln	85
Bananen-Buchweizen Waffeln	85
Kichererbsen-Nuss Waffeln	86
Rhabarber-Löwenzahn Kompott	86
Schlesische Hefeklöße mit Heidelbeersoße	87
Aprikosenknödel	88
Schokolaaadeee für alle Fälle	89
Schoko-Nuss Bolla	90

Torten und Kuchen	
Schwarzwälder-Kirschbombe	92 / 93
Österr. Mohn-Apfelkuchen	93
Pina Colada-Qvark Torte	94 / 95
Kürbis-Brownies	96
Karottenkuchen	97
Amerikaner	97
Zupfkuchen – sojafrei	98
Ananasschnitten – glutenfrei	99

	Seite
Orangenschnitten libanesisch – glutenfrei	100
Schokotraumtorte ohne backen	101
Rohkosttorte Marzipan-Karotte – glutenfrei	102
Blueberry-Streusel Muffins	103
Krapfen	104
Weihnachtskuchen	105
Limetten-Ingwer Augen	106
Nougat-Mohn Taler	106
Türkische Mehlkekse	107
Amaranth-Kartoffellebkuchen	108

Brot und Brötchen

Mediterranes Faltenbrot	110
Kürbisbrot	111
Malzbier-Flockenbrot	112
Hanf-Nussbrot (Nussdrinkrückstandsverwertung ☺)	113
Körnchenbrot	114
Karottenspaghettibrot	115
Rosinen-Zimtstrudelbrot	116
Orient-Express Hörnchen	117
Guten-Morgen-Müsli Brötchen	118

Aufs Brot

Veta – sojafrei	120
Walnuss-Schmelzkähse	121
Paprikavurst / Aufschnitt	122
Vleischsalat	123
Türkischer Tofutieraufstrich	123

	Seite
Hausmacher Lebensvurst	124
Hanf-Erdäpfelkäs	125
Orient Aufstrich	125
Ali-Baba's Dattelwolke	126
Rote Linsen-Ananas Aufstrich	126
Fruchtige Chilimarmelade	127
Feigenmus	127
Schoko-Zwetschgenstreich	128
Dattelcreme/Dattelsirup	128
Orangen-Löwengelee	129
Löwen-Sirup	130

Getränke

Soja-Nussdrink	132
Bibi's Nuss-Reisdrink	132
Haferkorndrink	133
Supergreen-Hulk Smoothie	133
Apfel-Fenchel Drink	134
Eyerpunsch	134
Advocaad – Eyerlikör	135
Vaileys	135

…nun:

Lasst' s eich schmecka, an Guad'n, Mahlzeit und Afiyet olsun… ☺

und… seid kreativ…

Granatapfel-Essigsirup

500 g Granatapfeldirektsaft
300 g Vollrohrzucker
130 g frisch gepressten Zitronensaft
1 TL Zitronensäure, Weinsteinsäure oder Essigessenz

in den Mixtopf geben und **30 Min./Varoma/St. 2 ohne Messbecher** einkochen. Gareinsatz als Spritzschutz auf den Deckel stellen.

In eine ausgespülte Flasche füllen und am besten im Kühlschrank aufbewahren.

- Wir verwenden gerne diese fruchtige Säure für Salate.
- Ihr könnt ihn auch fertig im türkischen Supermarkt kaufen (Nar ekşisi sosu). Siehe Bezugsquellenliste S. 137.

Tahin – Sesampaste

300 g geschälten Sesam

in einer beschichteten Pfanne ohne Fett leicht anrösten.
In den Mixtopf geben und **20 Sek./St. 10** fein mahlen. Nach unten schieben.

250 g neutrales Öl
(z. B. Raps oder Sonnenblume)
½ TL Salz

dazugeben und **6 Min./St. 6** zu einer cremigen Masse mixen. Bei Bedarf die Masse zwischendurch nach unten schieben.

In ein Schraubglas füllen.

- Tahin ist eine Zutat für viele türkische/orientalische Rezepte und hält sich mehrere Monate.
- Wenn ihr Tahin mit Traubensirup (Pekmez) 1 : 1 mischt, habt ihr einen leckeren, süßen Brotaufstrich.
- Ihr könnt Tahin und Pekmez auch fertig im türkischen Supermarkt kaufen. Siehe Bezugsquellenliste S. 137.

Danke an Sputnik für diese TM-Idee... ☺

Bärlauchpaste

200 g Bärlauch
200 g Olivenöl
20 g Kräutersalz
Saft 1 Zitrone

im Mixtopf **Stufe 6-7** zerkleinern, nach Bedarf runterschieben und Vorgang wiederholen.

In ein Schraubglas füllen, mit Olivenöl bedecken und im Kühlschrank aufbewahren.

- Auch außerhalb der Bärlauchzeit verwendbar für viele leckere Bärlauchrezepte.
- Hält bis zur nächsten Bärlauchsaison, außer es ist vorher aufgebraucht. ☺

Vondor

1 Messbecher getr. Suppengrün
1 EL Hefeflocken
1 EL getr. Petersilie
1 kleines Lorbeerblatt
1 Streifen getr. Bio-Zitronenschale
½ getr. Knoblauchzehe
1 Macisblüte
5 schwarze Pfefferkörner
½ TL Kurkuma
½ Messbecher Milchreis

im Mixtopf **1 Min./St. 10** mahlen.

½ Messbecher Salz

zufüllen und **40 Sek./St. 10** mixen.

- Vondor verfeinert z. B. Kartoffelpüree, Soßen, Seitan... und schmeckt auch sehr gut in vielen Salaten.
- Knoblauch und Zitronenschale lassen sich leicht auf der Heizung oder mit Restwärme im Backofen trocknen.
- Wer ein Dörrgerät hat, kann auch das Suppengrün selbst dörren und dann mixen.
Wir verwenden dazu: 2 Karotten, 2 Tomaten, 1 Pastinake, 1 ½ Stangen Lauch,
1 große Zwiebel, 1 Handvoll Petersilie, 1 faustgroße Sellerieknolle oder Selleriegrün,
1 Knoblauchzehe, 1 EL frische Liebstöckelblättchen.

Danke an Monika für dieses Rezept.

Currypulver

3 EL Kurkuma
3 EL Chiliflocken oder wer es nicht scharf mag
Paprikapulver süß
3 EL Koriandersamen
3 EL Kreuzkümmel (Cumin)
1 ½ EL Ingwerpulver
1 EL Bockshornklee
1 TL Pfeffer weiß
1 TL Senfkörner gelb
½ TL Zimt
4 Nelken
4 Kardamomkapseln

in den Mixtopf geben und **1 Min./St. 10** mixen und ne Nase voll einatmen... ☺

Vleischgewürz

2 EL Paprikapulver süß
2 EL getr. Zwiebeln
1 EL Sumak
1 EL getr. Thymian
1 EL getr. Majoran
1 EL getr. Champignons
1 EL Senfkörner gelb
1 TL Ingwerpulver
1 TL Koriandersamen
1 TL getr. Salbei
½ TL Pfeffer
1 Lorbeerblatt
1 getr. Knoblauchzehe
20 g getr. Tomaten
½ Messbecher Rauchsalz

in den Mixtopf geben und **1 Min./St. 10** mixen.

- Ein klasse Gewürz zum Würzen für Bratlinge oder Seitan.
- Sumak / Gewürzsumach sind gemahlene Früchte vom Essigbaum und schmecken säuerlich. Zu finden in orientalischen Geschäften oder online. Siehe Bezugsquellenliste Seite 137.

Italy-Gewürzmischung

2 EL getr. Zwiebeln
je 2 EL getr. Basilikum, Oregano
2 EL Salz
1 ½ EL getr. Rosmarin
je 1 EL getr. Salbei, Selleriegrün, Petersilie
1 EL Paprikapulver süß
1 TL Pfeffer
1 TL Chiliflocken
3 getr. Knoblauchzehen
20 g getr. Tomaten

in den Mixtopf geben und **30 Sek./St. 10** mixen.

- Für alle italienischen Soßen und zum Würzen von Salaten.

Salatkräuter-Mischung

1 Messbecher getr. Zwiebeln
2 getr. Knoblauchzehen
1 TL Senfkörner gelb
1 EL Sumak
getr. Schale 1 Bio-Zitrone
2 EL Hefeflocken
5 Pfefferkörner schwarz
2 TL Kurkuma
½ Messbecher Salz
½ Messbecher Milchreis
je 2 EL getr. Petersilie, Schnittlauch, Dill
je 1 EL getr. Liebstöckel, Kerbel

in den Mixtopf geben. **20 Sek./St. 10** mixen.

3 EL getr. Dill
je 2 EL getr. Petersilie, Schnittlauch
je 1 TL getr. Liebstöckel, Kerbel
1 EL Sumak

zugeben und mit dem Spatel vermischen.

- Perfekt für jede Salatsoße.
- Sumak / Gewürzsumach sind gemahlene Früchte vom Essigbaum
  und schmecken säuerlich. Zu finden in orientalischen Geschäften oder online.
  Siehe Bezugsquellenliste Seite 137.

Weihnachtsgewürz

4 Stück ca. 8 cm lange Zimtstangen
1 EL Nelken
1 EL Koriandersamen
1 EL Kardamomkapseln
1 TL Ingwerpulver
1 TL Anissamen
1 TL Fenchelsamen
½ TL Pimentpulver
1 Msp. Muskat
2 EL braunen Zucker
1 Vanilleschote
getrocknete Schale 1 Bio-Orange
2 ½ EL Milchreis

in den Mixtopf geben und **30 Sek./St. 10** mixen. Einmal tiiieeefff einatmen… Wahnsinn, oder??

- Die Schale der Orange schälen wir mit dem Sparschäler ab und trocknen sie auf der Heizung oder bei Restwärme im Backofen.
- Zum Verfeinern von Plätzchen, Früchtebrot, Kuchen, Stollen, Tee, Punsch, Glühwein, Likör undundund…

Alle Rezeptfotos mit manchen Schritt für Schritt Erklärungen findet ihr unter
www.tierfreischnauze.de

Orientalisches gelbes Linsenpüree

1 Zwiebel in Ringe schneiden oder hobeln, mit
1 EL Sumak vermischen und **1-2 Std**. ziehen lassen.

1 Zwiebel in Stücken
30 g Olivenöl

in den Mixtopf geben und **5 Sek./St. 5** zerkleinern. **3 Min./Varoma/St. 2** dünsten.

300 g gelbe Linsen
550 g Wasser
1 ½ TL Salz

zufügen und **30 Min./100°/St. 1** weich kochen.

1 TL frische Minze
2 Knoblauchzehen
80 g Olivenöl
Saft und ger. Schale 1 Bio-Zitrone
etwas Pfeffer

zugeben. **20 Sek./St. 6** pürieren.

In eine Schale füllen und die Zwiebelringe darauf verteilen.
Warm oder kalt genießen.

- Dieses Linsenpüree kann wie Hummus als Salat zu Gegrilltem oder als warme Beilage, z. B. zu Bratlingen, gegessen werden.
- Sumak / Gewürzsumach sind gemahlene Früchte vom Essigbaum und schmecken säuerlich. Zu finden in orientalischen Geschäften oder online. Siehe Bezugsquellenliste Seite 137.
- Sumak nimmt den Zwiebeln die Schärfe. Sie schmecken dann ganz mild.

Broccoli-Power Rohkostsalat

300 g Broccoliröschen
150 g gelbe Paprika in Stücken
150 g Erdbeeren
1 EL veganen Parmesan (Vegarmesan **)
1 EL Sonnenblumenkerne
1 EL Tahin-Sesampaste *
1 TL Kokosblütensirup
30 g Olivenöl
20 g Zitronensaft
Saft ½ Orange
1 TL ger. Bio-Zitronenschale
1 TL ger. Bio-Orangenschale
1 TL Kräutersalz
½ TL Kurkuma
etwas Pfeffer

in den Mixtopf geben. **4 Sek./St. 5** zerkleinern.

- Super frisch und gesund.
- Außerhalb der Erdbeersaison auch lecker mit Apfel.
- ** Das Rezept für unseren Vegarmesan findet ihr in Band 1. Ihr könnt aber jeden anderen dafür nehmen.

Mungobohnen-Granatapfel Salat

180 g Mungobohnen

ins Garkörbchen füllen.

1200 g Wasser
2 TL Salz

in den Mixtopf geben und Garkörbchen einhängen. **35 Min./100°/St. 2** kochen.

In der Zeit
1 Granatapfel quer durchschneiden.
Den Stängelansatz etwas abschneiden, den halben Granatapfel mit der Schnittfläche auf die Handfläche legen und über einer Schüssel kräftig mit einem Löffel draufhaun... So fallen die Kerne auf die Hand und ihr könnt sie in die Schüssel purzeln lassen. Mit der zweiten Hälfte genauso verfahren.
Die Mungobohnen abwaschen und zu den Granatapfelkernen füllen.

1 ½ TL Salatkräuter-Mischung *
2 EL Granatapfel-Essigsirup *
2 EL Olivenöl
etwas Pfeffer
darübergeben, mischen und **1-2 Std.** durchziehen lassen.

- Mungobohnen müssen nicht eingeweicht werden.

Karotten-Sesam Rohkostsalat

300 g Karotten in Stücken
2 Orangen ohne weisse Haut
2 EL Sesam
1 EL geschälte Hanfsamen
1 EL Tahin-Sesampaste *
30 g Sesamöl
Saft ½ Zitrone
3 EL Schnittlauch geschnitten
1 TL Kokosblütensirup
1 TL Kräutersalz
1 Prise Kreuzkümmel (Cumin)
etwas Pfeffer

in den Mixtopf geben und **6 Sek./St. 5** zerkleinern.

40 g Rosinen

5 Sek./Linkslauf/St. 2 unterrühren.

- Ideales, leckeres Partymitbringsel...

Gefüllte Tomaten

4 Tomaten aushöhlen. Das
Tomateninnere mit
2 EL Pesto nach Wahl in den Mixtopf geben und
4 Sek./St. 5 vermischen.

Die Pestomasse in die ausgehöhlten Tomaten füllen, in eine Auflaufform setzten und im vorgeheizten Backofen bei **170°** Ober-/Unterhitze **10 Min.** backen.

- Kurz und bündig…aber lecker… ☺
- Unser Favorit: Mit Bärlauchpesto.
- <u>Rezepttipp fürs Buffet:</u>
  Karotten in Scheiben schneiden und von beiden Seiten in Öl anbraten.
  Mit Balsamico ablöschen.
  Auf jede Karottenscheibe einen Klecks Pesto geben.
- Mit Brot anrichten.

Türkisches Ezme

Mixtopf schließen und auf **Stufe 6** stellen.
1 Knoblauchzehe durch die Deckelöffnung aufs laufende Messer fallen lassen. Runterschieben.

1 Zwiebel in Stücken
2 enthäutete Fleischtomaten in Stücken
2 scharfe, grüne Charleston Paprika in Stücken
1 Handvoll Petersilie grob geschnitten
1 EL frische Minze grob geschnitten
1 EL Tomatenmark
1 EL scharfes Paprikamark
1 TL Kräutersalz
30 g Olivenöl
1 EL Granatapfel-Essigsirup *
und wers gern sehr scharf mag – noch Chiliflocken ☺ zugeben und **4 Sek./St. 5** zerkleinern.

Kühl stellen und bissle durchziehen lassen.

- Eine typische türkische Vorspeise, zu der nur Brot gereicht wird.

Orientalisches gelbes Linsenpüree S.20

Broccoli-Power Rohkostsalat S.21

Mungobohnen-Granatapfel Salat S.22

Karotten-Sesam Rohkostsalat S.22

Gefüllte Tomaten S.23

Türkisches Ezme S.23

Alle Rezeptfotos mit manchen Schritt für Schritt Erklärungen findet ihr unter
www.tierfreischnauze.de

Kürbissuppe orientalisch

1 rote Zwiebel in Stücken
20 g Sonnenblumenöl

        im Mixtopf **5 Sek./St. 5** zerkleinern.
        2 Min./Varoma/St. 2 dünsten.

350 g Kürbisfleisch in Stücken
60 g rote Linsen
50 g Cashew- oder Mandelmus
1 TL frischen Ingwer
oder Ingwergrundstock (Band 1)
2 EL Suppengrundstock/-Pulver

        zugeben und **7 Sek./St. 5** zerkleinern.

800 g Wasser
1 TL Paprikapulver süß
½ TL Kurkuma
1 Prise Zimt
Saft und ger. Schale ½ Bio-Zitrone
etwas Pfeffer

        zufüllen. **25 Min./90°/St. 2** kochen. Mit

Kräutersalz

        abschmecken und **20 Sek./St. 6-7** pürieren.

Zum Anrichten etwas **Kürbiskernöl** auf die Suppe tröpfeln.

- Wir nehmen immer den Kürbis, den es grad gibt.
  Dadurch haben wir festgestellt, dass es gewaltige Farb- und
  Geschmacksunterschiede gibt.
  Nehmt am besten den, den ihr am liebsten mögt. ☺

Fruchtige Kürbis-Kokos Suppe

1 Zwiebel in Stücken
30 g Olivenöl
2 EL frischen Ingwer
oder Ingwergrundstock (Band 1)
1 Knoblauchzehe

im Mixtopf **5 Sek./St. 5** zerkleinern.
2 Min./Varoma/ St. 1 dünsten.

500 g Kürbisfleisch in Stücken
1 rote Paprika in Stücken
2 dunkelrote Karotten in Stücken
2 geschälte Orangen halbiert

zufügen und **10 Sek./St. 6** zerkleinern.

200 g Kokosmilch
300 g Wasser
2 EL Suppengrundstock/-Pulver
5 EL Lupinenmehl
1 TL Currypulver *
1 TL Kräutersalz
1 TL Paprikapulver süß

dazugeben. **25 Min./100°/St. 2** kochen. Abschmecken und **20 Sek./St. 6-7** pürieren.

Zum Anrichten etwas **Kürbiskernöl** auf die Suppe tröpfeln.

- Wir nehmen immer den Kürbis, den es grad gibt. Dadurch haben wir festgestellt, dass es gewaltige Farb- und Geschmacksunterschiede gibt.
  Nehmt am besten den, den ihr am liebsten mögt. ☺

Maronen-Sesam Suppe

500 g Maronen

kreuzweise mit einem Messer einritzen und ins Garkörbchen legen.

600 g Wasser

in den Mixtopf füllen, Garkörbchen einhängen und **25 Min./Varoma/St. 1** kochen. Abgießen! Maronen schälen und in den Mixtopf geben.

1 Zwiebel in Stücken
250 g Karotten in Stücken
1 ½ EL Tahin-Sesampaste *

zugeben. **10 Sek./St. 5 mithilfe des Spatels** zerkleinern.

1 geh. EL Suppengrundstock/-Pulver
1 Prise Muskat
etwas Pfeffer
800 g Wasser

auffüllen und **25 Min./90°/St. 2** kochen. Mit

Kräutersalz

abschmecken und **20 Sek./St. 6-7** pürieren.

3 EL Sesam in einer Pfanne ohne Fett rösten und zum Anrichten über die Suppe streuen.

- Wenn die Suppe nachdickt, mit etwas Wasser verdünnen.
- Wer mag, kann sie auch mit Pflanzen-Cuisine verfeinern. ☺

Zucchini-Pastinaken Suppe

1 Zwiebel in Stücken
1 Knoblauchzehe
1 TL frischen Ingwer
oder Ingwergrundstock (Band 1)
30 g Rapsöl

    im Mixtopf **5 Sek./St. 5** zerkleinern.
    2 Min./Varoma/St. 1 dünsten.

200 g Zucchini in Stücken
125 g Pastinaken in Stücken
1 kleine Kartoffel (ca. 80 g) in Stücken
100 g Süßkartoffeln oder Karotten
in Stücken

    zugeben und **10 Sek./St. 5** zerkleinern.

400 g Kokosmilch
550 g Wasser
½ TL Chiliflocken
2-3 EL Suppengrundstock/-Pulver
etwas Pfeffer

    hinzufüllen und **20 Min./100°/St. 2** kochen.

200 g Hafercuisine

    einwiegen. **20 Sek./St. 6-7** pürieren. Mit

Kräutersalz

    abschmecken und mit

Schnittlauch

    garnieren.

- Anstatt Zucchini genauso lecker mit Kürbis. ☺

Wilde Kräutersuppe

1 Süßkartoffel in Stücken
2 Kartoffeln in Stücken
1 Fenchel
oder Pastinake/Petersilienwurzel in Stücken
1 Karotte in Stücken

                         in den **Mixtopf** geben. **5 Sek./St. 5** zerkleinern.

800 g Wasser
1 ½ TL Kräutersalz
3 EL Edelkastanienmehl
oder Lupinenmehl

                         dazugeben und **20 Min./Varoma/St. 2** köcheln.

2 Hände voll Kräuter (siehe Tipp) grob geschnitten
½ TL gem. Galgant oder Ingwer
½ TL gem. Bertramwurzel - optional
200 g Hafercuisine
½ TL Pfeffer
½ TL Muskat

                         in den Mixtopf geben. **20 Sek./St. 6-7** pürieren.

Möglichst gleich servieren!

Zum Anrichten **2 Brötchen** in kleine Würfel schneiden und in
8 EL Sonnenblumenöl in einer Pfanne kross braten und über die Suppe geben.

- <u>Kräutervorschlag</u>
  Winter:
  Petersilie, Schnittlauch, Rucola, Karottengrün, Rosmarin, Salbei, Majoran, Thymian…

  Sommer/Herbst:
  Brennnessel, Taubnessel, Spitzwegerich, Löwenzahn, Gänseblümchen, Gundermann, Vogelmiere, Giersch…

Nach einem Rezept von Pia.

Spargelreste Suppe

300 g Spargelschalen und Abschnitte

im Mixtopf **5 Sek./Turbo** schreddern.

1000 g Wasser
Saft 1 Zitrone

zugeben und **20 Min./100°/St. 2** auskochen.

Umfüllen und **24 Std.** im Kühlschrank ziehen lassen. Absieben und den **Spargelsud** in den Mixtopf füllen.

100 g Reisdrink
250 g Reiscuisine
50 g vegane Margarine
50 g Mehl
2 EL Lupinenmehl
2 EL Suppengrundstock/-Pulver
1 EL Bärlauchpaste *
½ TL ger. Bio-Zitronenschale
etwas Pfeffer
1 Prise Muskat

zugeben. **15 Min./100°/St. 3-4** kochen. Mit

Kräutersalz

abschmecken.

- Wenn es schnell gehen muss, könnt ihr auf die 24 Std. Ziehzeit verzichten und 10 Min. länger auskochen. Aber es schmeckt halt intensiver, wenns durchgezogen ist.
- Spargelreste lassen sich bis zum Gebrauch bedenkenlos einfrieren.
- Als Suppeneinlage empfehlen wir unsere Kräuter-Polenta S. 57.

Rotkohlsuppe

100 g Zwiebeln in Stücken
1 EL frischen Ingwer
oder Ingwergrundstock (Band 1)
3 EL Olivenöl

> im Mixtopf **3 Sek./St. 5** zerkleinern.
> Mit dem Spatel runterschieben und
> **3 Min./Varoma/St. 2** dünsten.

170 g säuerliche Äpfel in Stücken
400 g Rotkohl in Stücken
100 g Kartoffeln in Stücken
3 EL Olivenöl
200 g veganen Rotwein
200 g frisch gepressten Orangensaft
2-3 EL Suppengrundstock/-Pulver

> zugeben. **5 Sek./St. 10** zerkleinern.

700 g Wasser

> auffüllen und **40 Min./100°/St. 1** kochen.
> Anschließend **10 Sek./St. 10** pürieren. Mit

1 EL Apfelessig
1-2 EL Kokosblütensirup
Salz und **Pfeffer** nach Geschmack abschmecken.

2 Orangen filetieren und zur Seite stellen.

2 Brötchen in kleine Würfel schneiden und in **8 EL Sonnenblumenöl**
mit etwas **Paprikaflocken** in einer Pfanne kross braten.

Suppe in Teller oder Tassen füllen, mit Orangenfilets und Brotwürfeln anrichten.

Kürbissuppe orientalisch S.25

Maronen-Sesam Suppe S.27

Fruchtige Kürbis-Kokos Suppe S.26

Zucchini-Pastinaken Suppe S.28

Rotkohlsuppe S.31

Wilde Kräutersuppe S.29

Alle Rezeptfotos mit manchen Schritt für Schritt Erklärungen findet ihr unter
www.tierfreischnauze.de

Pressknödel

1 kleine Zwiebel in Stücken
2 EL Petersilienblättchen
40 g Sonnenblumenkerne
20 g Sonnenblumenöl

in den Mixtopf geben. **5 Sek./St. 5** zerkleinern und **3,5 Min./Varoma/St. 1** dünsten.

200 g Wasser
100 g Hafercuisine
40 g vegane Margarine
50 g Vollkornmehl
1 EL Suppengrundstock/-Pulver
1 EL Lupinenmehl
2 EL Hefeflocken
2 TL Vondor *
1 EL Senf
1 Msp. Muskat
Pfeffer

zugeben. **4 Min./100°/St. 2** zu einer dickflüssigen Soße kochen.

250 g altbackene Brötchen
in kleinen Stücken

zur Soße geben und **30-40 Sek./St. 5 mithilfe des Spatels** zerkleinern. Sollte es noch zu weich sein, etwas mehr Brot oder Semmelbrösel zugeben.

Aus dem Teig erst Knödel formen und diese dann zusammendetschen/-pressen. In einer Pfanne mit veganer Margarine goldgelb ausbacken.

- Dazu brauchts eigentlich nur Salat, aber auch mit Champignonsoße extrem lecker.
- Ein feinschmeckendes Gericht zur Verwertung von 'altem' Brot.

Ofenschnecken (partytauglich)

2 Packungen veganen Blätterteig (Kühltheke) nebeneinander überlappend wie Pizzateig ausrollen.

1 Zwiebel in Stücken
1 rote Spitzpaprika in Stücken
100 g Pilze (z. B. Champignons)
1 Knoblauchzehe
200 g Räuchertofu in Stücken
3 EL frische Kräuter (Salbei, Majoran, Thymian, Rosmarin)
4 EL Tomatenmark
1 EL Paprikamark mild oder scharf
1 TL Senf
1 TL Kräutersalz
½ TL Pfeffer
1 TL Liquid Smoke Öl (BBQ Öl)
40 g Sonnenblumenöl

in den Mixtopf geben. **5 Sek./St. 4** zerkleinern.
In der Pfanne sehr kross anbraten.

Mit **3 EL Sojacuisine** und **100 g veganem Rotwein** ablöschen und köcheln lassen, bis die gesamte Flüssigkeit verdampft ist.

Masse etwas auskühlen lassen, auf dem ausgerollten Blätterteig verteilen und aufrollen.

Etwa 2 bis 3 cm große Stücke (Schnecken) abschneiden und auf ein mit Backpapier ausgelegtes Blech oder in eine Backform legen.
Im vorgeheizten Backofen bei **180°** Umluft ca. **30 Min.** backen.

Die Schnecken sollten goldgelb und knusprig, auch an den Seiten, gebacken sein.

Warm mit Salat servieren oder auch am Buffet kalt genießen.

Spargelpizza

350 g Mehl nach Wahl
½ Würfel Hefe
1 TL Salz
½ TL Zucker
ca. 200 g Wasser   im Mixtopf **5 Min./Knetstufe** kneten

Teig in eine Schüssel füllen und abgedeckt **gehen lassen**, bis er schön aufgegangen ist. Auf einem gefetteten Backblech oder Backstein ausrollen.

1 Knoblauchzehe
je 1 TL frischen Salbei, Rosmarin,
Oregano, Basilikum
                                   in den Mixtopf geben. **6 Sek./St. 6** zerkleinern.
400 g Tomaten in Stücken
½ TL Kräutersalz   zugeben und **2 Sek./St. 5** zerstückeln.

Die Tomatenmasse in das Garkörbchen füllen und abtropfen lassen.
Auf dem Pizzaboden verteilen.
1 kg frischen Spargel schälen und in kleine Stücke schneiden, beiseite stellen.

100 g Cashews natur
200 g Wasser   im Mixtopf **1 Min./St. 10** mixen.

1 EL Lupinenmehl
1 EL Mehl
15 g Zitronensaft
60 g vegane Margarine
1 TL Meerrettich
1 TL Senf
1 EL Hefeflocken
1 TL Vondor *
etwas Pfeffer   zugeben und **6 Min./100°/St. 2** kochen.

In der Zwischenzeit die Spargelstücke mit **5 EL Öl** in einer Pfanne glasig anbraten. Mit **2 EL Balsamico Creme** ablöschen und mit **1 ½ TL Vondor *** abschmecken. Spargel auf dem Boden verteilen, Cashewsoße darüber geben und im vorgeheizten Backofen bei **200° Umluft 20 - 30 Min.** goldgelb backen.

Cevapcici

100 g Sojahack in **500 g Gemüsebrühe** einweichen.

100 g getr. Kichererbsen

in den Mixtopf geben und **20 Sek./St. 10** zerkleinern…Ohren zuhalten!

Gequollenes Hackvleisch

zugeben und **6 Min./Varoma/St. 2** kochen.

1 große Zwiebel
3 Knoblauchzehen
3 EL frische Petersilienblättchen
70 g Semmelbrösel
30 g Kartoffelstärke
20 g getr. Tomaten in Öl
1 EL Bratensoßenpaste/-Pulver
1 TL Paprikapulver scharf oder süß
½ TL Pfeffer
½ TL Kräutersalz
½ TL Rauchsalz

hinzufügen und **40 Sek./St. 6 mithilfe des Spatels** vermischen.

Aus jeweils ca. 1 EL Teig Röllchen formen und diese in einer Pfanne in reichlich Öl ausbacken.

- Als Dip empfehlen wir unser Ajvar S. 67 und als Beilage unseren Djuvec Reis S. 58.

Saure Austernpilze

1 große Zwiebel in Stücken
1 Karotte
50 g vegane Margarine
1 EL Mehl

im Mixtopf **5 Sek./St. 5** zerkleinern und
6 Min./Varoma/St. 2 ohne Messbecher dünsten.

500 g Wasser
1 EL Suppengrundstock/-Pulver
150 g veganen Rotwein
2 EL Essig
1 Lorbeerblatt
5 Wacholderbeeren
1 Nelke
½ TL getr. Thymian
1 ½ EL Tomatenmark
1 EL Bratensoßenpaste/-Pulver
abgeriebene Schale ½ Bio-Zitrone
1-2 TL Rauchsalz
etwas Pfeffer

zugeben und **10 Min./90°/St. 1-2** köcheln.

500 g Austernpilze in feinen Streifen

hinzufügen.
10 Min./90°/Linkslauf/Sanftrührstufe
weiterkochen.

- Das ist ein schwäbisches Rezept, welches wir veganisiert haben. Optisch sieht es noch genauso aus wie das Original… na, wer kommt drauf??
  …grins…Tipp: Ku ***** ☺
- Dazu schmecken Bratkartoffeln richtig lecker.
- Austernpilze sollten nicht gewaschen, sondern nur grob mit einer Bürste gereinigt werden. Sie saugen sich wie ein Schwamm voll mit Wasser. Wer sie dennoch waschen möchte, muss sie nach dem Waschen gut ausdrücken.

Frittierte Saitühnchen mit griech. Reisnudeln

1 Zwiebel in Stücken	
1 Knoblauchzehe	
20 g Sonnenblumenöl	im Mixtopf **7 Sek./St. 5** zerkleinern.

150 g Glutenpulver/Saitanfix	
20 g Haferflocken zart	
15 g frische Hefe	
50 g Wasser	
2 TL Paprikapulver süß	
2 TL Currypulver	
1 TL Chiliflocken	
¼ TL Zucker	
3 TL Vondor * oder Suppenpulver	zugeben und **5 Min./Knetstufe** kneten.

Den Teig abgedeckt an einem warmen Ort gehen lassen, bis er schön aufgegangen ist. Das kann gut **2 - 3 Std**. dauern.

Griech. Reisnudeln

1 Zwiebel in Stücken	
1 Knoblauchzehe	
25 g Olivenöl	im Mixtopf **5 Sek./St. 5** zerkleinern.
	2 Min./Varoma/St. 1 dünsten.
400 g Tomaten in Stücken	
1 ½ TL Kräutersalz	
1 TL frischen Thymian	
½ TL Chiliflocken	
etwas Pfeffer	zugeben und **10 Sek./St. 5** mixen.
250 g Kritharaki/ griechische Reisnudeln	
300 g Wasser	zufüllen. Je nach Packungsanweisung **ca. 13 Min./100°/Linkslauf/St. 1** kochen. Im Mixtopf paar Minuten nachquellen lassen.

Reichlich Fett / Öl in einer tiefen Pfanne oder Fritteuse erhitzen.
Saitühnchen-Teigstücke (Größe wie Nuggets) abreißen und schwimmend goldgelb frittieren.
Zusammen mit den Reisnudeln und evtl. einem gemischten Salat anrichten.

Kernige Gemüse-Lupinenbratlinge

100 g grobes Lupinenschrot in reichlich kochendem Wasser ca. **1 Std.** abgedeckt einweichen. Abgießen.

1 Kartoffel in Stücken
2 Karotten in Stücken
1 Stange Lauch in Stücken
200 g Weißkraut in Stücken
40 g Sonnenblumenöl

im Mixtopf **10 Sek./St. 5 mithilfe des Spatels** zerkleinern.

40 g Wasser

zufüllen und **10 Min./Varoma/Linkslauf/St. 1** kochen.

Lupinenschrot
1 ½ TL Kräutersalz
1 TL Paprikapulver süß
etwas Pfeffer
40 g Kartoffelstärke
ca. 100 g Maismehl

zugeben und **15 Sek./St. 5** mischen.

Die Masse ca. **30 Min.** im geschlossenen Mixtopf quellen lassen.

In einer Pfanne **reichlich Öl** erhitzen

Von der Gemüse-Lupinenmasse 1 EL voll abstechen, in die Pfanne setzen und etwas platt drücken. Am besten erstmal eins probebacken. Wenn es noch zu weich ist, mehr Stärke oder Maismehl zufügen. Der Teig ist perfekt, wenn die Bratlinge zwar weich sind, sich aber gut wenden lassen.
Von beiden Seiten knusprig backen.

- Als Beilage empfehlen wir das orientalische gelbe Linsenpüree S. 20.
- Lecker auch auf Burgerbrötchen mit unserem Ajvar S. 67.

Belugabällchen

200 g Belugalinsen
600 g Wasser

in den Mixtopf geben.
30 Min./100°/Linkslauf/Sanftrührstufe kochen.
Übers Garkörbchen abgießen, abtropfen lassen und in den Mixtopf füllen.

1 kleine Zwiebel in Stücken
1 EL Kapern oder Gewürzgurken
1 Knoblauchzehe
100 g altbackenes Toastbrot/Brötchen in Stücken
1 EL Bratensoßenpaste/-Pulver
1 TL Senf
1 TL Paprikapulver süß
½ TL Kreuzkümmel (Cumin)
45 g Kartoffelstärke
1 TL Rauchsalz
etwas Pfeffer

zugeben und **30 Sek./St. 6 mithilfe des Spatels** mixen. Konsistenz prüfen, evtl.

Semmelbrösel

unterrühren und abschmecken.
15 Min. quellen lassen.

Aus dem Teig Bällchen formen (oder auch jede andere Form).
Reichlich Öl in einer Pfanne erhitzen und die Bällchen knusprig braten.

- Rezepttipp:
  Mit diesen Bällchen zaubert Pedi immer ihren oberleckeren badischen Topf. Ihr kocht dazu eine leckere Gemüse-Bratensoße, am besten mit unserer Bratensoßenpaste von Band 1. Mit gebratenen Zwiebeln, Champignons, Erbsen und Karotten. Mit Pflanzencuisine abrunden und die Soße mit unseren Spätzle (Band 1) mischen. Darauf die Linsenbällchen verteilen. Leeecckkkerrr...

- Wem die dunkle Farbe nicht gefällt, der kann natürlich auch Berglinsen verwenden. Kochzeit der Linsensorte entsprechend anpassen.

Schwäbische Schupfnudeln mit mediterranem Kraut

500 g Dinkelmehl
1 TL Salz
ca. 270 g Wasser   In den Mixtopf geben.
                                    2,5 Min./Knetstufe kneten.
                                    Der Teig sollte fest und gut formbar sein.

Aus dem Teig kleinfingerdicke, ca. 7 cm lange, Schupfnudeln rollen.
Die Schupfnudeln in kochendem Salzwasser garen, bis sie an der Oberfläche schwimmen. Mit einem Schöpflöffel herausnehmen, kurz abspülen und abtropfen lassen.

2 EL Petersilienblättchen
1 große Zwiebel in Stücken
2 Knoblauchzehen
50 g Olivenöl   im Mixtopf **5 Sek./St. 5** zerkleinern.
                                    3 Min./Varoma/St. 1 dünsten.

½ TL Vollrohrzucker
2 TL Kräutersalz
500 g Weißkohl in Stücken   zugeben und **ca. 10 Sek./St. 5 mithilfe des Spatels** zerkleinern. Das Ganze
                                    9 Min./Varoma/Linkslauf/St. 2 ohne Messbecher anbruzzeln.

15 g Balsamico oder Granatapfel-Essigsirup *
1 Lorbeerblatt
½ TL gem. Fenchelsamen
½ TL frischen Rosmarin
100 g Tomatenmark
½ TL Paprikapulver süß
etwas Pfeffer   zufügen. **15 Min./100°/Linkslauf/St. 2** garen.

Die Schupfnudeln in einer Pfanne mit **2-3 EL veganer Margarine** goldbraun anbraten. Das Kraut unterheben und servieren.

- Als Beilage zu Bratlingen besonders geeignet.
- Sowohl das Kraut als auch die Schupfnudeln können natürlich für sich in andere Gerichte integriert werden – so oder so sehr lecker.
- Mit einem Schuss Liquid Smoke Öl (BBQ Öl) bekommt das Ganze eine rauchige Note. Sehr zu empfehlen auch geräuchertes Paprikapulver.
  Siehe Bezugsquellenliste Seite 137.

Gefüllte getrocknete Auberginen

200 g Auberginen in Scheiben schneiden und mit
1 geh. TL Salz vermischen. **30 Min.** ruhen lassen.

Die Auberginen mit der Hand ausquetschen/entwässern und zusammen mit
1 Knoblauchzehe

in den Mixtopf geben. **6 Sek./St. 6** zerkleinern.

Das Auberginenhack in reichlich Öl in einer Pfanne gut anbruzzeln.

1 Zwiebel in Stücken
1 Knoblauchzehe
1 TL frische Petersilienblättchen
½ TL frische Minze
50 g Olivenöl

im Mixtopf **5 Sek./St. 5** zerkleinern.

150 g Reis
60 g groben Bulgur

zugeben und
5 Min./Varoma/Linkslauf/Sanftrührstufe
dünsten.

50 g Tomatenmark
1 TL Paprikapulver süß
1-2 TL Kräutersalz
50 g Korinthen (optional)
50 g Pinienkerne
etwas Pfeffer
220 g Wasser
Auberginenhack

hinzufügen und
7 Min./100°/Linkslauf/Sanftrührstufe kochen.
15 Min. im geschlossenen Topf quellen lassen.

20-25 getrocknete Auberginenhüllen mit kochend heißem Wasser übergießen
und **ca. 10 Min.** quellen lassen, bis sie weich sind.
Jede Aubergine zu ¾ mit der Reismischung füllen und in den Varoma setzen.

1 rote Paprika in Stücken
1 schmale grüne Spitzpaprika in Stücken

      im Mixtopf **3 Sek./St. 5** zerkleinern.

1000 g Wasser
2 TL Kräutersalz

      einfüllen. Mixtopf schließen, Varoma aufsetzen und **40 Min./Varoma/St. 2** kochen. Sollte der Reis noch nicht weich sein, paar Minuten zugeben. Varoma beiseite stellen und

100 g Tomaten- oder Paprikamark
2 TL Zucker

      zur Garflüssigkeit geben und **10 Sek./St. 6** verrühren. Mit

Salz

      abschmecken.

Die Soße zu den Auberginen servieren.

- Als Beilage reicht eigentlich ein leckeres Brot. Wir kochen aber manchmal auch noch Reis dazu.
- Ein Klecks Sojajoghurt am Tellerrand darf nicht fehlen. ☺
- Natürlich könnt ihr alles Mögliche mit dieser Masse füllen. (Weinblätter, kleine Paprika, Zucchini etc.)
- Lecker auch mit Champignonhack.
- Die getrockneten Auberginenhüllen bekommt ihr im türkischen Supermarkt oder online.
  Manche nennen sie auch Mittelalterkondome *zuGabizwinker* ☺

Linsen-Gnocchi

150 g gelbe Linsen

im Mixtopf **1 Min./St. 10** mahlen. Umfüllen.

380 g Kartoffeln in Stücken

in den Mixtopf geben und **7 Sek./St. 5** zerkleinern.

40 g Wasser
1 TL Salz

zufüllen. **10 Min./100°/St. 2 ohne Messbecher** kochen.

Linsenmehl
60 g Hartweizengrieß
1 Msp. Muskat
1 TL Salz

zur Kartoffelmasse geben und **1 Min./St. 5** vermischen. Je nach Kartoffelsorte Wasser-/Grießmenge anpassen.

Im geschlossenen Topf **15 Min.** ruhen lassen.

Den Teig teilen. Die Teigstücke auf bemehlter Arbeitsfläche zu Rollen formen (daumendick) und mit einem Messer 1 cm breite Scheibchen abschneiden. Mit einer bemehlten Gabel Rillen eindrücken, so bleibt die Soße besser haften.

In einem großen Topf in leicht gesalzenem, siedendem Wasser **4 - 5 Min.** kochen. Die Gnocchi schwimmen an der Oberfläche, wenn sie gar sind.

Die Gnocchi mit einem Schaumlöffel herausholen und kurz unter kaltem Wasser abbrausen, damit die Stärke abgewaschen wird.

In eine breitere Servierschüssel füllen.

- Mal eine andere Beilage zu allem, wo's a Sößle dazu gibt. ☺
- Glutenallergiker können anstatt des Grießes auch Maisgrieß oder feinen Buchweizenbulgur (Esmer oder Kara Bulgur) verwenden. Grober Bulgur kann im TM dementsprechend auch fein gemahlen werden. ☺

Krautkrapfen nach Mama Hoser

200 g Dinkelmehl
100 g Hartweizengrieß
ca. 130 g lauwarmes Wasser   im Mixtopf **20 Sek./St. 7**
zu einem glatten Teig verarbeiten.

Teig in eine Schüssel umfüllen und abgedeckt ruhen lassen.

1 Zwiebel in Stücken
1 EL Ingwergrundstock **
50 g Öl
200 g Räuchertofu in Stücken   in den Mixtopf geben und **3-4 Sek./St. 5** zerkleinern.

In einer Pfanne scharf anbraten.

300 g Sauerkraut
1 TL Kümmel
½ TL Pfeffer
2 EL Suppengrundstock/-Pulver
500 g Wasser   einwiegen. **20 Min./90°/Linkslauf/St. 1** kochen.

Teig auf einer bemehlten Fläche zu einem langgezogenen Rechteck dünn ausrollen.
Kraut abseihen und gut ausdrücken, die Brühe aufbewahren!!!
Das ausgedrückte Kraut auf dem Rechteck verteilen, dabei einen schmalen Rand frei lassen. Das Räuchertofu-Zwiebelgemisch drüber geben.
Den Teig von der langen Seite her aufrollen und von der Rolle Scheiben von
ca. 5 cm abschneiden.

Die Scheiben mit der Schnittfläche nach unten in eine gut gefettete Pfanne dicht nebeneinander legen und bei mittlerer Hitze von beiden Seiten je **ca. 5 Min.** anbraten. Anschließend die Brühe angießen und **ca. 30 Min.** offen bei mittlerer Hitze fertiggaren, eventuell noch Wasser nachgießen.

- ** Ingwergrundstock von Band 1 kann durch frischen Ingwer und etwas Salz ersetzt werden.
- Einen leckeren Salat dazu und fertig… ☺

Türkische Mantı – gefüllte Teigtaschen

Knoblauchsoße
500 g Sojajoghurt
2-3 Knoblauchzehen

im Mixtopf **10 Sek./St. 5-6** mixen. Umfüllen und kühl stellen.

Nudelteig
400 g Mehl (Type 550 oder Dinkel)
100 g Hartweizengrieß
80 g Sonnenblumenöl
1 TL Salz
ca. 200 g Wasser

im Mixtopf **3 Min./Knetstufe** kneten.
Der Teig sollte weich sein, aber nicht kleben.
Abgedeckt ruhen lassen.

Füllung
80 g braune oder grüne Linsen

im Mixtopf **25 Sek./St. 10** mahlen.

1 Zwiebel in Stücken
2 EL Petersilienblättchen
1 Knoblauchzehe
2 EL Bratensoßenpaste/-Pulver
1 EL Lupinenmehl

zugeben und **5 Sek./St. 5** zerkleinern.

160 g Wasser
ca. ½ TL Rauchsalz
1 TL Parikapulver süß
etwas Pfeffer

einfüllen. **6 Min./100°/St. 2** kochen.
Etwas abkühlen/quellen lassen.

Den Nudelteig am besten teilen und nacheinander messerrückendick auf bemehlter Arbeitsplatte ausrollen.

Mit einem Teigrädchen oder Messer ca. 3 cm große Quadrate ausschneiden.

Auf die Nudelquadrate einen ungefähr erbsengroßen Klecks Linsenmasse geben. Die 4 Ecken wie einen Briefumschlag zur Mitte falten und wie ein Säckchen zusammendrücken. Sieht ähnlich aus wie Origami Himmel und Hölle... ☺
Darauf achten, dass sie gut geschlossen sind.
Es kann aber auch jede andere Form gemacht werden, wie Halbmonde oder Rechtecke. Schneller geht z. B. auch die Form von gerollten Maultaschen (siehe Band 1 Festtagssuppe).

Die Manti in reichlich Salzwasser in einem großen Topf frei schwimmend **ca. 5 Min.** kochen. Sie schwimmen an der Oberfläche, wenn sie gar sind. Mit einem Schaumlöffel abschöpfen.

Buttersoße
Im ausgespülten Mixtopf (oder Pfännchen)
120 g vegane Margarine in Stücken
oder Sonnenblumenöl
1 TL Chiliflocken
1 TL Tomatenmark
 3 Min./Varoma/St. 2 kochen.

Wer mag, gibt noch etwas Minze in die Buttersoße.

Die Manti auf einen Teller geben, Knoblauchsoße darüber verteilen und mit 2 - 3 EL Buttersoße beträufeln.

- Arbeitszeit ca. 1 - 1 ½ Stunden, die sich lohnen... ☺
- Super Nudelteig klappt auch, wenn ihr 500 g Hartweizenmehl verwendet (Hartweizengrieß weglassen).
- <u>Für eine sojafreie Knoblauchsoße</u>
    200 g Cashews natur
    200 g Wasser
    2-3 Knoblauchzehen
    50 g Olivenöl
    1 EL Zitronensaft
    ca. ½ TL Salz
    1 Min./St. 10 mixen. ☺

Gefüllte Kohlrabi mit roter Soß'

1000 g Wasser
2 EL Suppengrundstock/-Pulver
    in den Mixtopf geben. Gareinsatz einsetzen.

200 g Hirse gewaschen
    in den Gareinsatz füllen.

300 g Karotten in Stücken
4 Kohlrabi, ca. 350 g, geschält
    in den Varoma legen und alles zusammen **25 Min./Varoma/St. 2** garen.

Die Hirse sollte bissfest bis weich sein, je nach Sorte die Kochzeit anpassen.

Kohlrabi mit einem Teelöffel aushöhlen, so, dass ca. 1 cm Rand bestehen bleibt.
In eine leicht geölte Auflaufform setzen und mit der Hirse füllen.
500 g Garflüssigkeit im Mixtopf lassen (evtl. mit Wasser auffüllen).

Rote Soß'

500 g Garflüssigkeit
gegarte Karotten
Kohlrabi-Inneres
1 Knoblauchzehe
1 Zwiebel in Stücken
20 g Olivenöl
1 TL Paprikapulver süß
½ TL Kräutersalz
½ TL Pfeffer
    im Mixtopf **10 Sek./St. 5** zerkleinern.

200 g Hafercuisine
    dazugeben und **5 Min./100°/St. 1** kochen.
    20 Sek./St. 7-8 pürieren und um die gefüllten Kohlrabi gießen.

Hefeschmelz

2 EL Sonnenblumenöl
2 EL Mehl
½ TL Kräutersalz
120 g Haferdrink
2 EL Hefeflocken
    im Mixtopf
    4-5 Min./90°/St. 2 cremig kochen.

Die gefüllten Kohlrabi mit dem Hefeschmelz bestreichen.
Die Auflaufform im vorgeheizten Ofen bei **200°** Umluft **10 Min.** überbacken
und mit **frischen Kräutern** bestreuen.

Kürbis-/Sellerieschnitzel

Ca. 500 g Butternutkürbis oder Sellerie schälen und in ½ - 1 cm dicke Scheiben schneiden.

1000 g Wasser

in den Mixtopf füllen.

Kürbis-/Selleriescheiben

in den Varoma mit Einlegeboden legen.

Saft 1 Zitrone

darüber träufeln.
15 Min./Varoma/St. 2 garen.

200 g Haferdrink
4 EL Mehl
1 TL Lupinenmehl
in einem tiefen Teller vermengen.

15 EL Semmelbrösel
2 TL Rauchsalz
¼ TL Muskat
2 TL getr. Thymian
1 TL Pfeffer
3 TL Paprikapulver süß
in einem zweiten tiefen Teller vermengen.

Kürbis-/Selleriescheiben mit Küchenpapier abtupfen. Zuerst in der Mehl-Haferdrinkmischung wenden, anschließend in der Paniermischung. Die Scheiben dann in reichlich neutralem Öl (z. B. Raps oder Sonnenblume) knusprig ausbacken.

- Lecker z. B. mit Kartoffelbrei und Soße (Bratensoßenpaste von Band 1 mit restlichem Gemüsefond und Cuisine).

Danke an Yasmin für dieses Rezept.

Rosenkohl-Hirsotto

350 g Rosenkohl geputzt
200 g Räuchertofu

    im Mixtopf **4 Sek./St. 5** zerkleinern.

50 g Öl in einer Pfanne erhitzen. Rosenkohl-Tofu **ca. 5 Min.** anbraten. Zur Seite stellen.

1 Zwiebel in Stücken
1 Knoblauchzehe
30 g Olivenöl

    in den Mixtopf geben und **5 Sek./St. 5** zerkleinern. **5 Min./Varoma/St. 1 ohne Messbecher** dünsten.

Rosenkohl-Tofugemisch
200 g Hirse gewaschen
100 g veganen trockenen Weißwein
500 g heißes Wasser
2 Wacholderbeeren
20 g Suppengrundstock/-Pulver
15 g Petersilienblättchen
1 ½ TL getr. Quendelkraut
- als Ersatz Kräuter nach Geschmack
1 TL gem. Galgant oder Ingwer
½ TL Kräutersalz
etwas Pfeffer

    in den Mixtopf füllen und **12-15 Min./100°/Linkslauf/Sanftrührstufe** garen.

4 EL veganen Parmesan

    mit dem Spatel unterrühren.

- Da es sehr unterschiedliche Hirsesorten gibt, variiert entsprechend die Kochzeit. Am besten ihr kauft kleine Körner mit ca. 10 Min. Kochzeit.
- Veganen Parmesan (Vegarmesan Rezept in Band 1) lässt sich aus Nüssen, Hefeflocken und etwas Salz ganz leicht selbst herstellen.

Shiitake-Fenchel Risotto

200 g Räuchertofu in Stücken

    im Mixtopf **3 Sek./St. 5** zerkleinern.

In der Pfanne mit **3 EL Öl** kross anbraten, zur Seite stellen.

200 g Shiitake Pilze in Stücken
200 g Fenchel in Stücken
75 g Zwiebel in Stücken
35 g Olivenöl

    in den Mixtopf geben und **5 Sek./St. 4** zerkleinern.
    5 Min./100°/Linkslauf/St. 1 ohne Messbecher dünsten.

250 g Risottoreis
60 g vegane Margarine

    einwiegen. **5 Min./100°/Linkslauf/St. 1 ohne Messbecher** anbruzzeln.

500 g Wasser
1 EL Suppengrundstock/-Pulver

    dazufüllen und
    15 Min./100°/Linkslauf/Sanftrührstufe ohne Messbecher kochen.

1 EL frischen Rosmarin geschnitten
1 EL frischen Salbei geschnitten
angebratenen Tofu
ca. ½ TL Kräutersalz
½ TL Pfeffer

    zugeben und weitere
    7 Min./100°/Linkslauf/Sanftrührstufe ohne Messbecher fertig garen

Mit frischem Salat genießen....

Minifladen an geschmorten Fenchel-Tomaten

Minifladen
30 g frische Hefe
1 TL Vollrohrzucker
250 g Weizenmehl (Type 1050)
200 g Maismehl
ca. 220 g lauwarmes Wasser
1 ½ TL Salz
3 EL Olivenöl   in den Mixtopf geben. **5 Min./Knetstufe** kneten.

Den Teig in einer Schüssel an einem warmen Ort zugedeckt **gehen lassen**, bis er schön aufgegangen ist.

Soße
250 g Soja- oder Hafercuisine
4 EL Kichererbsenmehl
1 EL eingelegte getr. Tomaten
1 EL frischen Oregano
1 EL frischen Rosmarin
1 TL Hefeflocken
1 TL Paprikapulver
1 TL Italy-Gewürzmischung *
1 TL weißen Balsamico
2 TL Kräutersalz   im Mixtopf **10 Sek./St. 5** mischen und
etwas Pfeffer   ca. **30 Min.** quellen lassen.

Nicht wundern, der rohe Kichererbsengeschmack verschwindet beim Backen. ☺

Den Teig teilen. Aus jedem Teil eine Rolle formen, jede Teigrolle in 8 Stücke schneiden und diese zu Kugeln kneten. Mit den Händen zu 16 kleinen Fladen drücken. Die Minifladen auf zwei mit Backpapier ausgelegte Backbleche legen und zugedeckt weitere **15 - 20 Min.** gehen lassen.

Derweil die geschmorten Fenchel-Tomaten vorbereiten.

Während das Gemüse kocht, die Teigfladen mit Soße bestreichen und anschließend mit etwas **Olivenöl** beträufeln.
In den vorgeheizten Backofen geben und bei **200°** Umluft etwa **15 Min.** backen.

Geschmorte Fenchel–Tomaten

2 Zwiebeln in Stücken
2 Knoblauchzehen
3 EL Olivenöl

    im Mixtopf **5 Sek./St. 4** zerkleinern und anschließend **5 Min./Varoma/St. 1 ohne Messbecher** andünsten.

2 große Fenchelknollen ohne Strunk in Streifen
4 Tomaten in Stücken

    zugeben. **5 Sek./St. 4** zerkleinern.

150 g veganen Apfelsaft
3 EL weißen Balsamico
1 TL Kokosblütensirup/Vollrohrzucker
1 EL frischen Oregano
1 EL frischen Majoran
½ TL frischen Thymian
½ TL frischen Rosmarin
½ TL gem. Fenchelsamen
150 g Tomatenmark
1 TL Paprikapulver süß
100 g Soja- oder Hafercuisine
2 ½ TL Kräutersalz
etwas Pfeffer

    zugeben. **20 Min./90°/Linkslauf/St. 1** köcheln.

Das Gemüse mit den Fladen zusammen anrichten.

- Natürlich können die Fladen je nach Geschmack vor dem Backen mit Knoblauch, Tomaten, Zwiebeln, Oliven usw... belegt werden.
- Darüber eventuell <u>Tofuhack</u> streuen. Hierfür
  200 g Räuchertofu in Stücken
  1 TL Paprikapulver süß
  1 TL Paprikaflocken mild
  1 Knoblauchzehe im Mixtopf 5 Sek./St. 4 zerkleinern.
  In einer Pfanne mit 3 EL Öl scharf anbraten.
  Mit 150 g Rotwein ablöschen, komplett einkochen lassen und über die belegten Fladen streuen. Soße drunter oder drüber oder beides.... ☺

Türkische grüne Bohnen

500 g frische Stangenbohnen waschen, die Enden vorne und hinten abschneiden und in der Mitte halbieren. Vorhandene Fäden abziehen.

1 Zwiebel in Stücken
1 Knoblauchzehe
50 g Olivenöl

in den Mixtopf geben und **5 Sek./St. 5** zerkleinern.

3 große Tomaten in Stücken

zugeben. **2 Sek./St. 5** hacken. Die

geschnittenen Bohnen

hinzufügen und
7 Min./Varoma/Linkslauf/Sanftrührstufe dünsten.

1 geh. TL Tomatenmark
1 TL Vollrohrzucker
200 g Wasser
1-1 ½ TL Kräutersalz

einfüllen. **30 Min./90°/Linkslauf/Sanftrühren** kochen.

- Dieses Gericht schmeckt heiß, lauwarm oder auch kalt.
- In der Türkei isst man dazu Reis, wir mögens aber auch gern mit Bratkartoffeln.
- Als Topping etwas Sojajoghurt oder Cashewcuisine (Band 1).

Linsenbraten (Festtagsrezept)

150 g Berglinsen über Nacht in reichlich Wasser einweichen. Abgießen und in den Mixtopf füllen.
1000 g Wasser
2 EL Suppengrundstock/-Pulver
2 Lorbeerblätter

zugeben und **20 Min./100°/Linkslauf/Sanftrührstufe** kochen.

130 g Hirse gewaschen

dazugeben.
10 Min./100°/Linkslauf/Sanftrührstufe kochen.
In eine große Schüssel umfüllen.

50 g Walnüsse
1 rote Zwiebel in Stücken
50 g Champignons
1 Knoblauchzehe
50 g Sonnenblumenöl
2 EL Ingwergrundstock **

8 Sek./St. 5 zerkleinern. **5 Min./Varoma/St. 2** ohne Messbecher andünsten.

170 g kernige Haferflocken
3 EL Bratensoßenpaste/-Pulver
50 g Tomatenmark
1 TL Rauchsalz
1 TL Senf
3 EL Sojasoße
2 EL geschälte Hanfsamen
2 EL Johannisbrotkernmehl oder Guarkernmehl
3 EL Hefeflocken
1 EL Melasse oder Zuckerrübensirup
3 EL Vleischgewürz *
2 EL frische Kräuter (Rosmarin, Thymian, Oregano)

zugeben und **20 Sek./St. 3-4** vermengen.

Zu der Linsen-Hirsemasse füllen und mit den Händen verkneten. Mit **Salz und Pfeffer** abschmecken und in eine eingeölte Backform/Brotbackform geben. Eventuell mit Rautenmuster versehen.
Im vorgeheizten Backofen ca. **1 Std.** bei **190°** Ober-/Unterhitze backen. **15 Min.** in der Form auskühlen lassen.

- ** Ingwergrundstock von Band 1 könnt ihr durch frischen Ingwer und Salz ersetzen.

Caponata - sizilianischer Gemüsetopf

2 Auberginen (ca. 160 g) in Würfel schneiden, mit
2 TL Salz vermischen. 30 Min. ziehen lassen, dann ausdrücken/entwässern.

80 g Olivenöl
1 große Zwiebel in Stücken
2 Knoblauchzehen
120 g Selleriestangen in Scheiben geschnitten
80 g rote Paprika in ca. 3 x 3 cm Stücke geschnitten

in den Mixtopf geben und
7 Min./Varoma/Linkslauf/St. 1 ohne Messbecher dünsten.

400 g Tomaten gewürfelt
ausgedrückte Auberginenwürfel
2 EL dunklen Balsamico
1 EL Kokosblütenzucker
½ EL Italy-Gewürzmischung *
80 g Oliven halbiert, entkernt
25 g Kapern

zugeben. **8 Min./100°/Linkslauf/St. 1** aufkochen. Anschließend
25 Min./80°/Linkslauf/St. 1 weiterköcheln. Mit

Kräutersalz
Pfeffer

abschmecken und mit

frischen Basilikumblättern

bestreuen.

- Super dazu passt unsere Farinata (nächstes Rezept), aber auch sehr lecker mit Pasta oder Brat-/Ofenkartoffeln.

Farinata - Kichererbsenfladen

200 g Kichererbsen — im Mixtopf **45 Sek./St. 10** mahlen, runterschieben.

450 g Wasser
½ TL Kräutersalz
2 EL Tahin-Sesampaste * — zugeben. **15 Sek./St. 5** durchrühren.
45 Min. im Mixtopf quellen lassen, dann **30 Min./70°/St. 2** erhitzen.

1 Handvoll frische Rosmarinnadeln — **5 Sek./St. 3** einrühren.

Die Masse auf ein kleines gefettetes Blech oder einen Backstein etc. streichen und im vorgeheizten Backofen bei **200°** Umluft ca. **20 - 25 Min.** goldgelb backen.

Mit **2 EL Olivenöl** bepinseln, mit **frischen Rosmarinnadeln** und **veganem Parmesan** (Vegarmesan Band 1) bestreuen.

- Die perfekte Beilage zu unserer Caponata - sizilianischer Gemüseeintopf.

Kräuter-Polenta

1250 g Wasser
1 TL Salz — in den Mixtopf geben und **10 Min./100°/St. 1** aufkochen.

250 g Maisgrieß — durch das Deckelloch einrieseln lassen und **5 Min./90°/Linkslauf/St. 3** kochen.

2 EL frischen Rosmarin gehackt
2 EL frischen Thymian gehackt
2 EL veganen Parmesan (Vegarmesan Band 1)
1 EL Bärlauchpaste * (optional) — zugeben und **30 Min./80°/Linkslauf/St 1** ausquellen lassen.

In eine leicht geölte Kastenform füllen und auskühlen lassen.
Polenta in Scheiben schneiden und in einer Pfanne mit reichlich Fett goldbraun ausbacken.

- Lecker als Beilage oder als eigenständiges Hauptgericht mit Salat.
- Besonders schmackhaft kleingeschnitten als Suppeneinlage, z. B. in unserer Spargelreste Suppe S. 30.
- Bei Schnellkochpolenta verkürzt sich die Quellzeit (Packungsanweisung beachten).

Djuvec Reis

350 g Langkornreis im Garkörbchen abwiegen und gut waschen.

2 Zwiebeln in Stücken
3 Knoblauchzehen
1 große rote Paprika in Stücken
60 g Olivenöl

                                  im Mixtopf **3-4 Sek./St. 5** zerkleinern.

150 g Ajvar *
1 gestr. EL Tomatenmark
700 g Wasser
gewaschenen Reis
2 TL Vondor *
1-2 TL Kräutersalz
1 EL Paprikapulver süß oder scharf
etwas Pfeffer

                                  zugeben und **20-25 Min./100°/Linkslauf/St. 1** kochen.

150 g Erbsen (Glas)

                                  mit dem Spatel einrühren.

Mit Kräutersalz abschmecken.
Den Mixtopf wieder verschließen und **15 Min.** ziehen lassen.

- Mit einem gemischten Salat ein leckeres Hauptgericht, als Beilage perfekt zu unseren Cevapcici. ☺
- Frische oder tiefgekühlte Erbsen 15 Min. vor Garende zugeben.
- Unser Ajvar Rezept findet ihr auf S. 67 und Vondor bei den Gewürzen S. 15. Natürlich geht auch gekauftes… ☺

Kartoffel-Hafer Knödel

800 g mehligkochende Kartoffeln am Vortag kochen.

150 g kernige Haferflocken
gekochte Kartoffeln in Stücken
10 g Lupinenmehl
80 g Kartoffelstärke
5 g Johannisbrotkernmehl
5 g Petersilienblättchen
1 TL Salz
1 Prise Muskat in den Mixtopf geben. **18 Sek./St. 8** zu einem festen Teig verarbeiten.

Den Teig in ein Geschirrtuch als längliche Rolle (etwa 20 cm) einwickeln und in den Varoma legen.

1000 g Wasser
1 TL Salz einfüllen. Varoma aufsetzen und **35 Min./Varoma/St. 1** garen.

Mit einem nassen Messer in Scheiben schneiden und servieren.

- Für alle, die Soßen lieben, eine ideale Knödelvariante, denn dieser Knödel braucht Soße! ☺
- Tipp:
  Kleine Kartoffelteigtaler auf ein geöltes Backblech setzen, mit Öl bestreichen und im Backofen ca. 25 Minuten bei 180° backen oder in der Pfanne ausbacken.

Danke an Pia für dieses Rezept.

Frittierte Seitühnchen mit griech. Reisnudeln. S.38

Gefüllte getrocknete Auberginen S.42

Rosenkohl-Hirsotto S.50

Cevapcici S.36, Djuvec Reis S.58, Ajvar S.67

Türkische Mantı-gefüllte Teigtaschen S.46

Kürbisschnitzel S.49

Alle Rezeptfotos mit manchen Schritt für Schritt Erklärungen findet ihr unter
www.tierfreischnauze.de

Sonnenblumencreme-Kräuterdressing

80 g Sonnenblumenkerne oder als Ersatz Cashews natur
1 Frühlingszwiebel mit Grün
1 EL Petersilienblättchen
1 kleine Essiggurke
1 TL Salatkräuter-Mischung *
½ TL Senf
½ TL Rohrohrzucker oder Xylit
45 g Essig
½ TL Kräutersalz
etwas Pfeffer
120 g Wasser
30 g Olivenöl

Alles im Mixtopf **30 Sek./St. 10** mixen.
Runterschaben und
5 Sek./St. 4 einrühren.

- Das perfekte Dressing für Blattsalate, aber auch lecker im Kartoffelsalat.
- Wer Gurkensud übrig hat, kann die Sonnenblumenkerne auch mit dem Sud mixen, dann brauchts kaum noch Gewürze.
- Abwandelbar z. B. mit verschiedenen Kräutern oder etwas Ketchup…

Avocado-Remoulade

1 große, weiche Avocado in Stücken
30 g frischen Zitronensaft
1 TL Senf
1 TL Meerrettich
¾ TL Kräutersalz
1 EL frische Petersilienblättchen
1 Frühlingszwiebel mit Grün
2 Knoblauchzehen
50 g Gewürzgurken
10 Kapern
1 TL frische Kräuter nach Wahl (Rosmarin, Minze, Thymian, Basilikum, Bärlauch…)
1 EL geschälte Hanfsamen
20 g Olivenöl
etwas Pfeffer

Alles in den Mixtopf geben und **10 Sek./St. 5** zerkleinern. Mit dem Spatel die Masse zurück schieben und **20 Sek./St. 3** durchrühren.

- Eine leckere, grüne, gesunde, würzige Remoulade.
- Verschlossen in einer luftdichten Schüssel bleibt sie auch einige Stunden grün - Avocadokern für die Aufbewahrung in die Remoulade legen.

Grünes Tomaten Chutney

700 g grüne (unreife) Tomaten in Stücken
250 g Zwiebeln in Stücken
2 EL Kräutersalz

>im Mixtopf **6 Sek./St. 5** mithilfe des Spatels zerkleinern.

In eine Schüssel füllen und zugedeckt **über Nacht** im Kühlschrank ziehen lassen..

70 g Datteln entkernt
250 g Vollrohrzucker
1 EL Mehl
1 TL Kurkuma
1 TL Ingwergrundstock **
2 EL Senf
1 EL frischen Rosmarin
170 g Essig

>in den Mixtopf geben und **5 Sek./St. 7** mixen.

Tomatenmasse

>hinzufügen und
>**55 Min./Varoma/Linkslauf/St. 2** ohne **Messbecher** kochen. Gareinsatz als Spritzschutz auf den Deckel stellen.

Heiß in Schraubgläser füllen und kühl aufbewahren. Hält sich mehrere Monate. Schmeckt auch lecker mit Cuisine als Nudelsoße.

- ** Rezept vom Ingwergrundstock in unserem Band 1.
  Dieser kann aber auch durch frischen Ingwer und etwas Salz ausgetauscht werden.
- In grünen Tomaten kommt das giftige und hitzestabile Solanin vor.
  Doch keine Angst, für Vergiftungen sind die Mengen als Brotaufstrich oder Chutney zu gering. Verarbeitet und verdünnt verringert sich der Solaningehalt zusätzlich.
- Ein wahrer Genuss mit einer leicht säuerlichen Note.
- Und der Film "Grüne Tomaten" ist einer von Heidis Lieblingsfilmen... ☺

Zucchini-Paprika Chutney

500 g Zucchini in Stücken

im Mixtopf **6 Sek./St. 5** zerkleinern und in eine Schüssel füllen.

175 g Zwiebeln in Stücken
30 g Olivenöl
1 ½ EL Kräutersalz

dazuwiegen und **5 Sek./St. 4** zerkleinern.

Mit den Zucchini mischen und zugedeckt **über Nacht** im Kühlschrank ziehen lassen.

Je 1 kleine rote, gelbe und grüne Paprika in Stücken

in den Mixtopf geben und **6 Sek./St. 5** zerkleinern.

Zucchini-Zwiebelmischung
150 g Balsamico
100 g Vollrohrzucker
1 EL scharfen Senf
1 EL Paprikapulver süß
1 TL Chiliflocken
1 TL Currypulver *
1 EL Mehl

zugeben. **20 Min./Varoma/Linkslauf/St. 2 ohne Messbecher** kochen. Gareinsatz als Spritzschutz auf den Deckel stellen. Mit

Kräutersalz

abschmecken.

Heiß in Schraubgläser füllen und kühl aufbewahren. Hält sich mehrere Monate.

- Als Dipp oder als Nudel-/Reissoße… alles lecker… !! ☺

Danke an Alex für diese Rezeptidee.

Rhabarber-Ketchup

800 g Rhabarber in Stücken
250 g Tomatenstücke frisch oder Päckle
150 g frische Gemüsezwiebeln in Stücken
30 g Olivenöl

im Mixtopf **7 Sek./St. 5** zerkleinern.

150 g dunklen Balsamico

zufüllen und **5 Min./100°/St. 2-3** aufkochen.

100 g Tomatenmark
100 g Vollrohrzucker oder Xylit
1 TL geröstete Chiliflocken (Isot)
2 Nelken
2 Lorbeerblätter
2 TL Senf
2 TL ger. Bio-Zitronenschale
2 TL Zitronensaft
2 TL Currypulver *
2 TL geräuchertes Paprikapulver
2 TL Kräutersalz
1 TL Pfeffer

zugeben. **Ca. 45 Min./Varoma/St. 2 ohne Messbecher** dicklich einkochen. Gareinsatz als Spritzschutz auf den Deckel stellen.
Je nach Flüssigkeitsgehalt des Rhabarbers etwas länger oder kürzer kochen.
Soll halt wie Ketchup aussehen... ☺
20 Sek./St. 8 pürieren.

Heiß in Schraubgläser füllen und kühl aufbewahren. Hält sich mehrere Monate.

- Wirklich total lecker... und niemand kommt je auf Rhabarber... ☺

Danke an Susasan für das tolle, außergewöhnliche Rezept.

Süßer Feigensenf

3 getr. Feigen über Nacht in Wasser einweichen. Wasser wegschütten.

60 g gelbe Senfkörner

im Mixtopf **20 Sek./St. 10** mahlen.

50 g Agaven-/Kokosblütensirup
eingeweichte Feigen (nicht ausdrücken!)
1 TL Ingwergrundstock **
2 EL Orangensaft
40 g Granatapfel-Essigsirup *
oder Balsamico

zugeben und **10 Sek./St. 5** zerkleinern.
4,5 Min./80°/St. 2 aufkochen.

In ein Schraubglas füllen und **2 - 3 Wochen** im Kühlschrank ziehen lassen, aber eigentlich schmeckt er auch schon ungezogen… ☺

- Anstatt der getrockneten Feigen können natürlich auch frische verwendet werden.
- ** Das Rezept unseres Ingwergrundstocks findet ihr in Band 1.
  Dieser kann aber auch durch frischen Ingwer und etwas Salz ausgetauscht werden.

Erdnuss-Bärlauchsenf

60 g gelbe Senfkörner

im Mixtopf **20 Sek./St. 10** mahlen.

60 g Wasser
30 g Erdnussmus
1 geh. EL Bärlauchpaste *
1 TL Paprikaflocken mild
½ bis 1 TL Salz
60 g Kokosblütenzucker
60 g weißen Balsamico

zugeben und **5 Min./80°/St. 2-3** aufkochen.

In ein Schraubglas füllen und **2 - 3 Wochen** im Kühlschrank ziehen lassen.

- Bärlauchpaste kann durch frischen Bärlauch ersetzt werden, dann noch 2 TL Olivenöl zufügen.

Süß/scharfer Rhabarbersenf

100 g gelbe Senfkörner
5 g braune Senfkörner

im Mixtopf **20 Sek./St. 10** mahlen.

300 g Rhabarber in Stücken
100 g Vollrohrzucker

zugeben. **10 Sek./St. 5** zerkleinern.

30 g Apfelessig
110 g Wasser
½ TL Salz
½ TL Pfeffer

zugeben und **5,5 Min./80°/St. 2-3** aufkochen.

In ein Schraubglas füllen und **2 - 3 Wochen** im Kühlschrank ziehen lassen.

- Braune Senfkörner können durch grünes Senfmehl ersetzt werden.
  Sie geben dem Senf eine leichte Schärfe, können aber auch weggelassen werden.

Pizzasoße auf Vorrat

150 g eingelegte gebackene Paprika (Glas)
2 Knoblauchzehen
1 große Zwiebel in Stücken
70 g getr. Tomaten
300 g Tomaten in Stücken
10 gefüllte grüne Oliven
100 g Tomatenmark
1 ½ EL Italy-Gewürzmischung *
½ -1 TL Kräutersalz
25 g Olivenöl

in den Mixtopf geben und **10 Sek./St. 5** zerkleinern. **25 Min./Varoma/St. 2** ohne **Messbecher** einkochen. Gareinsatz als Spritzschutz auf den Deckel stellen.

Die Pizzasoße heiß in kleine Gläser füllen und kühl aufbewahren.
Ein offenes Glas hält sich im Kühlschrank 3 - 4 Wochen.

- Immer schnell eine leckere Soße für Pizza parat... perfekt!! ☺
- Bei Pizzen sparsam mit der Pizzasoße umgehen, schmeckt viel besser als zu dick. ☺
  Wir empfehlen ca. 3 EL für ein Blech Pizza.

Ajvar

1 Aubergine von ca. 250 g mehrmals mit einer Gabel einstechen.
Mit Strunk in einer Pfanne, ohne Zugabe von Fett, auf dem Herd ca. **15 Min.** von allen Seiten richtig heiß anbraten/grillen, bis sie gar ist und zusammenfällt.
Abkühlen lassen, mit einem Messer die Haut abziehen und Strunk abschneiden. Die

enthäutete Aubergine
300 g rote Paprika in Stücken
1 Zwiebel in Stücken
1 große Tomate in Stücken
2 Knoblauchzehen
40 g Olivenöl
1-2 TL Kräutersalz
1 TL - 1 EL scharfes Paprikamark (nach Geschmack)
1 EL Tomatenmark
1 TL Paprikapulver süß

in den Mixtopf geben und **20 Sek./St. 7** mixen.
35 Min./90°/St. 2 ohne Messbecher kochen.
Gareinsatz als Spritzschutz auf den Deckel stellen.

Ajvar heiß in kleine Gläser füllen und kühl aufbewahren.
Ein offenes Glas hält sich im Kühlschrank 2 - 3 Wochen.

- Lecker als Dipp / Grillsoße oder als Soße für Nudeln oder Reis.

BBQ Soße

1 Zwiebel in Stücken
2 Knoblauchzehen
1 TL frischen Ingwer
oder Ingwergrundstock (Band 1)
30 g BBQ Öl oder Sonnenblumenöl

                in den Mixtopf geben und **5 Sek./St. 5** zerkleinern.

150 g Vollrohrzucker

                zugeben und **6 Min./Varoma/St. 2** karamellisieren.

150 g frischen Orangensaft
500 g Tomaten in Stücken
1 große rote Paprika in Stücken
100 g Tomatenmark
1 TL ger. Bio-Zitronenschale
30 g Zitronensaft
70 g Granatapfel-Essigsirup * oder Balsamico Creme
¼ TL Zimt
1 TL Senf
1 TL Kreuzkümmel (Cumin)
½ TL Pfeffer
1 EL geröstete Chiliflocken (Isot)
1 EL frischen Thymian (1 TL getrocknet)
1 TL Rauchsalz

                zugeben und **10 Sek./St. 6** zerkleinern.
                38 Min./Varoma/St. 2 ohne Messbecher kochen. Gareinsatz als Spritzschutz auf den Deckel stellen. Mit nem Schuss

Whiskey

                abschmecken.

Die BBQ Soße in ein Schraubglas füllen.
Hält sich im Kühlschrank mehrere Wochen.

- BBQ Soße schmeckt lecker auf Sandwich oder Burger, als Dipp / Grillsoße, zum Würzen für Seitan oder Bratlinge und vielem mehr....
- BBQ Öl (geräuchertes Öl, Liquid Smcke Öl) haben wir vom Onlinehandel. Siehe Buzugsquellenliste Seite 137.
- Wer mehr Rauchgeschmack mag, mischt paar Tropfen Liquid Smoke Konzentrat darunter... schmeckt aber auch komplett ohne Rauch... ☺ ...dafür halt mehr Whiskey... grins... ☺

Minzsoße mit Zucchinispaghetti

200 g Cashews natur
200 g Wasser
50 g Sonnenblumenöl
2 EL frische Minze

in den Mixtopf geben und
1 Min./St. 10 mixen.
Alles vom Rand und Deckel in den Mixtopf schaben.

1 TL ger. Schale 1 Bio-Zitrone
½ TL Bärlauch-Zitronen-Salzpaste **
1 EL Lupinenmehl
1 TL Kräutersalz
etwas Pfeffer
400 g Zucchinispaghetti

zugeben. **7 Min./100°/Linkslauf/St. 1** kochen.

- Genial lecker über Spaghetti.
- Für ein eigenständiges Gericht einfach mehr Zucchinispaghetti mitkochen.
- Wer keine Gemüsespaghetti-Maschine hat, kann die Zucchini auch in dünne Scheiben oder Streifen schneiden.
- ** Bärlauch-Zitronen-Salzpaste Rezept in Band 1, evtl. durch etwas gepressten Knoblauch, Zitronensaft und Salz austauschen.

Tipp: Hier keine kaltgepressten Öle verwenden, diese werden bei starkem Mixen bitter.

Rohkost-Sommersoße

2 Tomaten in Stücken
1 kleine gelbe Paprika in Stücken
1 Karotte in Stücken
1 EL frische Petersilienblättchen
1 EL frische Kräuter (Minze, Basilikum, Oregano…)
1 Knoblauchzehe
100 g Cashews natur
100 g Wasser
1 EL Zitronensaft
½ TL Kräutersalz
etwas Pfeffer

in den Mixtopf geben und **1 Min./St. 10** mixen. Nach Geschmack abschmecken.

- Herrliche Sommer-Sonnensoße über Nudeln oder Gemüsespaghetti…
- Super wandelbar mit verschiedenen Gemüsesorten…

Feigen-Chili Soße

60 g Cashews natur
1 EL frischen Rosmarin
1 TL Hefeflocken

im Mixtopf **30 Sek./St. 10** mixen.
Umfüllen – Reste bleiben im Mixtopf.

2 Knoblauchzehen

bei **St. 5** aufs laufende Messer fallen lassen.
5 Sek. zerkleinern.

30 g Olivenöl
1 TL Chiliflocken
ger. Schale ½ Bio-Zitrone

zugeben. **2,5 Min./Varoma/St. 1** dünsten.

250 g Sojacuisine
Saft ½ Zitrone

zufüllen und **15 Sek./St. 5** mixen. So wird der Knofi noch mehr zerkleinert. ☺

250 g frische Feigen halbiert
1 ½ TL Kräutersalz
etwas Pfeffer

zur Soße geben und **5 Sek./St. 5** zerkleinern.
6 Min./100°/St. 1 köcheln.
1 Min. vor Garende

3 EL Rosmarin-Cashew-Parmesan

einrühren.

- Perfekt für sommerliche Pasta-Abende.
- Restl. Rosmarin-Cashew-Parmesan über die Nudeln streuen.
- Mit blauen Feigen bekommt diese Soße eine interessante Farbe. ☺

Danke an Heike für diese Rezeptidee.

Linsenbolognese

1 große rote Zwiebel in Stücken
1 Karotte in Stücken
2 Knoblauchzehen
40 g Olivenöl

im Mixtopf **5 Sek./St. 5** zerkleinern.
3 Min./Varoma/St. 1 dünsten.

500 g Tomaten in Stücken

zugeben und **10 Sek./St. 6** zerkleinern.

1 EL Tomatenmark
1 EL Italy-Gewürzmischung *
1 TL Vollrohrzucker
350 g Wasser
80 g veganen Rotwein
1 EL Suppengrundstock/-Pulver
130 g Berglinsen

hinzufügen und je nach Linsen
ca. 40 Min./100°/Linkslauf/Sanftrührstufe
kochen. Mit

Kräutersalz
etwas Pfeffer

abschmecken.

- Eine tolle Spaghettisoße, die auch Kindern schmeckt... ☺

Orangen-Linsensoße

100 g rote Linsen

    im Mixtopf **30 Sek./St. 10** mahlen. Umfüllen.

1 Zwiebel in Stücken
2 EL frischen Rosmarin
30 g Kokosöl

    in den Mixtopf geben und **5 Sek./St. 5** zerkleinern. **3 Min./Varoma/St. 2** dünsten.

Linsenmehl
500 g Wasser
100 g frischen Orangensaft
1 TL Kräutersalz
1 TL Chiliflocken
etwas Pfeffer

    hinzufüllen und **12 Min./100°/St. 2** kochen.

200 g Mandelcuisine
1 TL ger. Schale 1 Bio-Orange

    zugeben. **2 Min./100°/St. 2** aufkochen.

- Eine orientalisch angehauchte Soße zu Reis, Nudeln, Gnocchi... ☺
- Mit frischem Koriander und veganem Parmesan (Vegarmesan Rezept in Band 1) bestreuen.

Tempehzola-Spinatsoße

100 g Cashews natur
200 g Wasser
20 g Zitronensaft

im Mixtopf **1 Min./St. 10** mixen. Cashewcuisine umfüllen und den Mixtopf ausschaben.

100 g Tempeh in Stücken
1 kleine Zwiebel in Stücken
1 Knoblauchzehe
30 g Sonnenblumenöl

in den Mixtopf geben und **5 Sek./St. 5** zerkleinern. Mit dem Spatel nach unten schieben und **5 Min./Varoma/St. 2 ohne Messbecher** dünsten.

200 g Blattspinat

zugeben. Im verschlossenen Mixtopf
4 Min./Varoma/St. 2 garen.
5 Sek./St. 5 zerkleinern.

Cashewcuisine
½ TL ger. Bio-Zitronenschale
1 TL Kräutersalz
etwas Pfeffer

hinzufügen und **5 Min./100°/Linkslauf/St. 2** kochen. **1 Min. vor Garende**

1 EL Hefeflocken

einrühren.

Die Soße mit einer Packung gekochter Nudeln (z. B. Penne) vermischen und mit veganem Parmesan (Vegarmesan Rezept in Band 1) bestreuen.

Räuchertofu-Ragù

200 g Räuchertofu

im Mixtopf **5 Sek./St. 5** zerbröseln. Mit

4-5 EL Öl in einer Pfanne knusprig anbraten.
4 EL Tomatenmark zugeben und weiterbraten, bis es bräunlich wird. Mit
250 g Rotwein ablöschen und einkochen lassen.

1 Zwiebel in Stücken
2 Knoblauchzehen
1 Karotte in Stücken
3 rote oder gelbe Paprika in Stücken (ca. 380 g)
30 g Oliven- oder BBQ Öl
1 ½ EL Italy-Gewürzmischung *
1 EL frischen Oregano
350 g Tomaten in Stücken

in den Mixtopf geben und **12 Sek./St. 5** zerkleinern.

1 TL gem. Kümmel oder Cumin
1 TL Currypulver *
1 TL Paprikapulver süß
1 TL Paprikaflocken scharf oder mild
1 TL Kokosblütensirup oder Vollrohrzucker
ger. Schale 1 Bio-Zitrone
1 EL Lupinenmehl
1 EL Suppengrundstock/-Pulver
1 EL Ingwergrundstock **
etwas Pfeffer
Tofumischung

zugeben. **20 Min./100°/Linkslauf/St. 1** kochen. Mit

Kräutersalz

abschmecken.

- DIE Soße für Spaghetti und Co.
- Zum Servieren mit veganem Parmesan (Vegarmesan Rezept in Band 1) bestreuen.
- ** Ingwergrundstock (von Band 1) kann durch frischen Ingwer und etwas Salz ausgetauscht werden.
- Mit Soßenresten lassen sich leckere Blätterteigtaschen füllen.
- Beachtet unsere Bezugsquellenliste auf Seite 137.

Spargelsoße auf Vorrat

500 g geschälten Spargel in Stücken
1 Zwiebel in Stücken
1 Knoblauchzehe oder etwas Bärlauchpaste *
50 g Cashews natur
1 EL frische Minze
2 EL frischer Rosmarin
1 Orange ohne weiße Haut
100 g Olivenöl
2 EL Reissirup
1 TL Kräutersalz

in den Mixtopf geben. **10 Sek./St. 10** pürieren. Mit dem Spatel nach unten schieben und **10 Min./Varoma/St. 1** kochen.

Heiß in Schraubgläschen füllen und im Kühlschrank aufbewahren.

- Für die längere Vorratshaltung (über 3 Monate) empfehlen wir, die Soße in kleinen Gläschen einzufrieren.
- Wir lieben sahnige Spargelsoße zu Pasta.
  Hierzu einfach 1 Glas Spargelsoße in 250 g Cuisine einrühren und aufkochen.

Salbei-Zitronen Pesto

1 Handvoll frischen Salbei
50 g Olivenöl
ger. Schale 1 Bio-Zitrone

in den Mixtopf geben.
7 Min./Varoma/St. 2 anbruzzeln.

Saft 1 Zitrone
1 Knoblauchzehe
30 g Mandeln
1 EL Hefeflocken
80 g getr. Tomaten in Öl
50 g Öl von den getr. Tomaten
½ TL Kräutersalz

zugeben und auf **St. 5** zerkleinern, bis das Messer durchdreht. Mit dem Spatel die Masse nach unten schieben und den Vorgang wiederholen. **2 Min./St. 3** rühren.

In ein Schraubglas füllen, mit Olivenöl bedecken und im Kühlschrank aufbewahren.

Rucola Pesto

50 g Sonnenblumen- oder Pinienkerne in einer Pfanne ohne Fett rösten, bis sie duften. Mit
120 g Rucola
1 Knoblauchzehe
100 g Olivenöl
1 TL Kräutersalz
½ TL Pfeffer
1 TL geröstete Chiliflocken (Isot)
25 g Walnüsse
25 g Hefeflocken

in den Mixtopf geben und **30 Sek./St. 6** zerkleinern. Evtl. zwischendurch runterschaben.

In ein Schraubglas füllen, mit Olivenöl bedecken und im Kühlschrank aufbewahren.

- Für die längere Vorratshaltung empfehlen wir, Pesto in kleinen Gläschen einzufrieren.
- Wir lieben sahnige Pesto-Soßen zu Pasta. Hierzu einfach ca. 2 EL Pesto in 250 g Cuisine einrühren und aufkochen.
- Pesto ist auch lecker auf frischem Brot.

Bärlauch Pesto

200 g Bärlauch
150 g Cashews natur
1 TL Chiliflocken
1 EL Salz
100 g Olivenöl
2 TL frischen Thymian
1 EL ger. Bio-Zitronenschale
50 g Zitronensaft

in den Mixtopf geben. **30 Sek./St. 6** pürieren. Evtl. zwischendurch runterschaben.

In ein Schraubglas füllen, mit Olivenöl bedecken und im Kühlschrank aufbewahren.

- Für die längere Vorratshaltung empfehlen wir, Pesto in kleinen Gläschen einzufrieren.
- Wir lieben sahnige Pesto-Soßen zu Pasta.
  Hierzu einfach ca. 2 EL Pesto in 250 g Cuisine einrühren und aufkochen.
- Pesto ist auch lecker auf frischem Brot.

Rhabarber-Ketchup S. 64

Süßer Feigensenf S. 65

Tempehzola-Spinatsoße S. 73

Bärlauch Pesto S. 76

Rohkost-Sommersoße S. 69

Feigen-Chili Soße S. 70

Alle Rezeptfotos mit manchen Schritt für Schritt Erklärungen findet ihr unter
www.tierfreischnauze.de

Rohkostpudding Schoko-Chili

15 Datteln entkernt oder getr. Pflaumen 1 Std. in Wasser einweichen.

50 g Einweichwasser
eingeweichte Datteln oder Pflaumen
50 g Mandelmus
1 große weiche Avocado in Stücken
20 g Kakao
25 g Kokosöl
½ TL Chiliflocken

       im Mixtopf **30 Sek./St. 6** mixen.
       Evtl. zwischendurch runterschieben. Mit

Dattelcreme * oder Kokosblütensirup
       abschmecken.

In kleine Dessertschalen füllen und im Kühlschrank **1 - 2 Std.** ziehen lassen.

Leinsamen-Beeren Pudding

150 g Beeren nach Wahl
1-2 TL Dattelcreme * oder Kokosblütensirup
¼ TL Guarkernmehl

       im Mixtopf **10 Sek./St. 5** verrühren.
       Umfüllen. Mixtopf ausschwenken.

50 g Leinsamen
200 g Wasser   einfüllen und **10 Sek./St. 10** mixen.
       20-30 Min. quellen lassen.

1 ½ EL Dattelcreme * oder 6 Datteln
120 g Orangensaft
40 g Kokosflocken   zugeben. **15 Sek./St. 7 mixen.**

Die Puddingmasse in Schälchen füllen und die Beerensoße darüber geben.
Obendrauf eine Lage Beeren oder anderes Obst drapieren.

- Ihr könnt das Rezept abwandeln wie ihr wollt. Anstatt Wasser/Orangensaft könnt ihr Pflanzendrink verwenden, anstatt Kokos andere Nüsse, anstatt der Beeren anderes Obst....
- Als sättigender Frühstückspudding (ca. 2 Portionen) oder als Nachtisch (ca. 4 Portionen).
- Leinsamen wirkt durch seine Ballast- und Schleimstoffe abführend.

Chiapudding "Froschkönig"

400 g Haferdrink
5 geh. EL Chiasamen
2 EL Vanillezucker
mit einer Gabel oder einem Schneebesen verrühren und mindestens **4 Std., besser über Nacht,** im Kühlschrank quellen lassen.
Anschließend gut umrühren.

<u>Grüne Fruchtsoße</u>
75 g Karotte in Stücken
90 g Gurke in Stücken
20 g Blattspinat
80 g Apfel in Stücken
½ Zitrone ohne weiße Haut
5 g Melisse
30 g Sonnenblumenkerne
1 gestr. TL Guarkernmehl
70 g Kokosblütensirup
im Mixtopf **15 Sek./St. 8** mixen.

Schichtweise in (Dessert-) Gläser füllen und mit Früchten oder Kernen dekorieren. Entweder sofort genießen oder gekühlt einfach für später zum Mitnehmen.

- Auch ein schnelles, lang sättigendes, gehaltvolles Frühstück.
- Als Soße könnt ihr mixen was euch gefällt, es muss nicht unbedingt grün sein. Auch Kokos mit Ananas, Pfirsich etc. schmeckt super.
- Haferdrink durch Nussdrink oder Kokosdrink etc. austauschen… Es gibt keine Grenzen. ☺
- Wer schneller seinen Pudding haben will, nimmt mehr Chiasamen. Dann ist er in ca. 30 Min. fertig, hat aber weniger freigesetzte Vitalstoffe.

Avocado-Mohn Eis

60 g Kokosblütenzucker

    im Mixtopf **10 Sek./St. 6** pulverisieren.

50 g gem. Blaumohn
100 g Mandeldrink

    zugeben und ca. **10 Min.** quellen lassen.

50 g gefrorene Banane in Scheiben
300 g gefrorene reife Avocado in Stücken
2 EL Zitronensaft

    einwiegen. **20 Sek./St. 8, evtl. mithilfe des Spatels,** zerkleinern.
    25 Sek./St. 5 cremig rühren.

- Da gemahlener Mohn ziemlich schnell ranzig/bitter wird, aber 50 g zum Mahlen im TM zu wenig ist, mahlen wir immer auf Vorrat und frieren ihn gemahlen ein. Das klappt wunderbar… ☺

Apfel-Gurken Eis

70 g Cashews natur
80 g Wasser
60 g Kokosblütenzucker

    im Mixtopf **30 Sek./St. 10** mixen.
    Vom Deckel und Rand nach unten schieben.

200 g geforene Gurken in Stücken
200 g gefrorene Äpfel in Stücken

    hinzufügen. **30 Sek./St. 8, evtl. mithilfe des Spatels,** zerkleinern.
    Masse nach unten schieben und mit **Rühraufsatz 1 Min./St. 4** cremig mixen.

3 EL Krokant oder Coconut Chips

    5 Sek./Linkslauf/St. 4 einrühren.

Schnell in Schälchen füllen und servieren.
Erfrischend lecker… ☺

1001 Nacht Eis

10 Datteln entkernt
50 g Kokoscreme **
80 g frischen Orangensaft
20 g gekochten starken Kaffee
¼ TL Zimt
Mark ½ Vanilleschote

im Mixtopf **15 Sek./St. 10** mixen.
Vom Deckel und Rand nach unten schieben.

500 g gefrorene Bananen in Scheiben

zugeben und **20 Sek./St. 8, evtl. mithilfe des Spatels,** zerkleinern.

Schnell in Schälchen füllen und servieren.

- ** Unser Kokoscremerezept findet ihr in Band 1, es geht aber natürlich auch gekaufte Kokoscreme oder –Mus. ☺

Kokos-Bananen-Stracciatella Eis

50 g Coconut Chips
50 g vegane zartbittere Schokolade in Stücken

im Mixtopf **8 Sek./St. 7** zerkleinern.

300 g gefrorene Bananen in Scheiben
250 g im Eiswürfelbehälter eingefrorene Reiscuisine
oder Sojajoghurt (Vanille)

zugeben und **20 Sek./St. 10 mithilfe des Spatels** zerkleinern.

Schnell in Schälchen füllen und servieren.

Für das besondere Etwas ein paar Tropfen **Nectar Dream** (Kokos Blüten Blossom Vinaigrette von Tropicai (dort gibt's auch die Coconut Chips)) darübertröpfeln. Bezugsquellenliste Seite 137 beachten.

Orangen-Kokos Parfait

50 g Cashews natur
50 g Wasser
15 g Kokosöl
200 g Kokosmilch

> im Mixtopf **1 Min./St. 10** mixen.
> Vom Deckel und Rand nach unten schieben.

3 Orangen, ohne weiße Haut, in Stücken
1 TL Bratapfel-Gewürzmischung **
100 g Kokosblütenzucker
20 g Orangenlikör

> zugeben und nochmal **30 Sek./St. 10** mixen.

In Gläschen oder in eine Form gießen und **ca. 3 Std.** einfrieren.

Soße
3 Orangen filetiert
50 g Kokosblütenzucker
1 Msp. Vanillezucker
1 Msp. Guarkernmehl
½ TL Bratapfel-Gewürzmischung **

> im Mixtopf **10 Min./90°/St. 2** kochen.

30 g Orangenlikör

> **3 Sek./St. 3** einrühren.

Die Soße zum Parfait warm oder kalt servieren.

- ** Das Rezept für die Bratapfel-Gewürzmischung findet ihr in Band 1.
  Natürlich kann hier auch jedes andere weihnachtliche Gewürz verwendet werden.

Lupineneis Vanille

440 g kalte pflanzl. Schlagcreme

in den Mixtopf geben und mit **Rühraufsatz St. 4 ohne Messbecher** steif schlagen. Gareinsatz als Spritzschutz auf den Deckel stellen.
Umfüllen und in den Kühlschrank stellen.

60 g pflanzl. Schlagcreme
ca. 150 g Vollrohrzucker
(Schlagcremes sind unterschiedlich gesüßt, deshalb Zuckermenge anpassen)
50 g Lupinenmehl
Mark 1 Vanilleschote
50 g vegane Margarine
40 g Kokosöl/-Fett

im Mixtopf mit **Rühraufsatz 5 Min./50°/St. 2** schmelzen. **15 - 20 Min.** abkühlen lassen.

Nach dem Abkühlen die Schlagcreme mit **Rühraufsatz 20 Sek./St. 4** einrühren.

In einen Behälter füllen und einfrieren.

- Dies ist sozusagen ein Grundrezept, welches sich je nach Geschmack ausbauen oder verändern lässt.
- Das Lupinenmehl verhindert, dass das Eis hart wird.
  Trotzdem muss ein hoher Fettanteil ins Eis, da vegane Schlagcreme zu wenig (ca. 15 %) davon hat. ☺
  Wer eine Eismaschine besitzt, kann allerdings etwas an Fett sparen (Kokosöl/-Fett weglassen)...
- Kleine Kokoskunde: Kokosöl schmeckt nach Kokos, Kokosfett nicht. ☺

Zwetschgenmichl mit Vanillesoße

400 g trockene, altbackene Brötchen in Würfeln in einer Schüssel mit
1500 g Wasser einweichen. Gelegentlich umrühren. Sobald sie komplett durchgeweicht sind ausdrücken und in eine Schüssel füllen.

90 g vegane weiche Margarine
1 EL Kartoffelstärke
3 TL Lupinenmehl
½ TL gem. Nelken
1 TL Bratapfelgewürz oder Zimt
1 Prise Muskat
120 g Kokosblütensirup

im Mixtopf **5 Sek./St. 2** vermischen.

Über die ausgedrückten Brötchen geben.

400 g Zwetschgen entkernt

im Mixtopf **4 Sek./St. 4** zerkleinern.

Ebenfalls über die Brötchen geben und alles gut miteinander vermengen.

In eine gefettete und mit **Semmelbröseln** ausgestreute Form füllen und im vorgeheizten Backofen bei **170°** Umluft ca. **50 Min.** goldgelb backen.
Derweil die Vanillesoße vorbereiten.
Mixtopf durchschwenken.

Vanillesoße
500 g Mandeldrink
40 g Rohrohrzucker
20 g Speisestärke
Mark ½ Vanilleschote
1 Prise Salz
1 Msp. Kurkuma

im Mixtopf mit **Rühraufsatz 8 Min./100°/St. 2** kochen. Mit

1 Schuss Pflaumenwein

verfeinern. Kalt stellen.

Zum Servieren die Vanillesoße über den Zwetschgenmichl gießen.

- Unser Rezept für die Bratapfel-Gewürzmischung findet ihr in Band 1. Es kann natürlich jede andere weihnachtliche Gewürzmischung verwendet werden.
- Zwetschgen können z. B. auch durch Kirschen ausgetauscht werden.
- Kalt schmeckts fast noch besser... ☺

Reis-Mais-Hirse Waffeln

50 g Milchreis
50 g Maisgrieß (Polenta)
50 g Hirse
90 g Xylit oder Kokosblütenzucker

        im Mixtopf **1 Min./St. 10** mahlen.

½ Päckle Backpulver
½ TL Natron
1 EL Nussrückstand oder 1 EL Nussmus
ca. 100 g sprudeliges Mineralwasser

        zugeben und **30 Sek./St. 3** verrühren.

Der Teig sollte eine cremige Konsistenz haben.
Je nach Konsistenz Flüssigkeit nachgeben.
Waffeleisen einfetten, aufheizen und los…. ☺

- Achtung! Vegane Waffelteige klappen leider nicht in jedem Waffeleisen. Wir empfehlen hierfür ein Waffeleisen für belgische Waffeln.

Bananen-Buchweizen Waffeln

150 g Buchweizenmehl
40 g Cashews natur
90 g Wasser
30 g Kokosöl

        im Mixtopf **1 Minute/St. 10** mixen.

1 Banane in Stücken
90 g Xylit oder Kokosblütenzucker
½ TL Natron
½ Päckle Backpulver
ca. 120 g sprudeliges Mineralwasser

        zugeben und **30 Sek./St. 3** verrühren.

Der Teig sollte eine cremige Konsistenz haben. Je nach Konsistenz Flüssigkeit nachgeben.
Waffeleisen einfetten, aufheizen und los…. ☺

- Achtung! Vegane Waffelteige klappen leider nicht in jedem Waffeleisen. Wir empfehlen hierfür ein Waffeleisen für belgische Waffeln.

Kichererbsen-Nuss Waffeln

125 g Haselnussmus
90 g Xylit oder Kokosblütenzucker
1 TL ger. Bio-Zitronenschale
250 g Kichererbsenmehl
1 TL Backpulver
½ TL Natron
30 g Kokosöl
ca. 250 g sprudeliges Mineralwasser

im Mixtopf **30 Sek./St. 3** verrühren.

Der Teig sollte eine cremige Konsistenz haben. Je nach Konsistenz Flüssigkeit nachgeben.
Waffeleisen einfetten, aufheizen und los…. ☺

- Achtung! Vegane Waffelteige klappen leider nicht in jedem Waffeleisen. Wir empfehlen hierfür ein Waffeleisen für belgische Waffeln.
- Kichererbsenmehl könnt ihr ganz leicht selbst herstellen. Dazu 250 g getr. Kichererbsen ca. 1 Min./St. 10 mahlen.
- Waffeln mit Puderzucker bestreuen und mit Kompott oder frischen Früchten genießen.

Danke an Bibi, Annemarie und Branna, die bereit waren, mit uns einen Waffel-Test-Nachmittag durchzuführen. ☺

Rhabarber-Löwenzahn Kompott

40 g gewaschene Löwenzahnblüten
(ca. 1 Handvoll, bitte nur das Gelbe verwenden)
600 g Rhabarber in 2 cm Stücken
180 g Wasser
Mark 1 Vanilleschote
150 g Rohrohrzucker
40 g Speisestärke

im Mixtopf **8 Min./100°/Linkslauf/St. 1** kochen.

- Dieses Kompott schmeckt natürlich auch ohne Löwenzahnblüten.
- Das Gezupfe rentiert sich allerdings, denn diese Kombination ist sehr lecker.
- Auch hervorragend mit einem Teil Erdbeeren anstatt des Löwenzahnes.

Danke an Denise für diese Idee.

Schlesische Hefeklöße mit Heidelbeersoße

500 g Mehl
1 Würfel Hefe
250 g Haferdrink
100 g vegane Margarine
1 Prise Salz
25 g Rohrohrzucker

in den Mixtopf geben. **3 Min./Knetstufe** kneten. Teig sollte weich sein, aber nicht kleben. Evtl. Mehl zufügen.

Abgedeckt an einem warmen Ort **gehen lassen**, bis der Teig schön aufgegangen ist.

Anschließend den Varoma mit einem Küchentuch oder Geschirrtuch auslegen und mit Mehl bestäuben. 8 Hefeklöße formen und einlegen. Ruhen lassen, in der Zwischenzeit die Soße kochen. Mixtopf ausspülen.

Heidelbeersoße
100 g Heidelbeeren
450 g Wasser
15 g Speisestärke
40 g Kokosblütenzucker
15 g Rum

im Mixtopf **7 Min./100°/St. 3** kochen.

150 g Heidelbeeren

3 Sek./Linkslauf/St. 1 unterrühren. Umfüllen.

1000 g Wasser

einfüllen. Varoma aufsetzen und die Hefeklöße **30 Min./Varoma/St. 1** dampfgaren.

Hefeklöße zusammen mit der Heidelbeersoße anrichten.

Aprikosenknödel

100 g Semmelbrösel in einer Pfanne ohne Fett rösten, bis sie goldbraun sind. Abkühlen lassen und mit
1 EL Puderzucker
½ TL Zimt mischen. Beiseite stellen.

12 Aprikosen entsteinen

280 g Seidentofu oder abgetropften Sojajoghurt
1 EL Lupinenmehl
350 g Mehl
1 Prise Salz
im Mixtopf **15 Sek./St. 5** kneten. Teig sollte nicht kleben, evtl. mehr Mehl zufügen.

Den Teig in 12 Stücke teilen, auf der Handfläche etwas plattdrücken, je eine Aprikose darauf geben, mit dem Teig umhüllen und zu Knödeln formen.

In den gefetteten Varoma und Einlegeboden legen und **30 Min./Varoma/St. 2** kochen. Anschließend noch **5 Min.** im geschlossenen Varoma ruhen lassen.

Die Knödel noch heiß in der Semmelbröselmischung wälzen.

Mit Vanillesoße oder geschmolzener veganer Margarine oder Cashewcuisine oderoderoder zusammen mit Zimtzucker oder Agavendicksaft oderoderoder genießen. ☺

- Auch lecker mit Zwetschgen. Da diese aber etwas saurer sind, in jede Zwetschge ein Stück Würfelzucker geben.
- Tipp: Wenn ihr eine große Handvoll Steine von Zwetschgen oder Aprikosen in ca. 500 g Doppelkorn o. ä. legt und ca. 100 g Vollrohrzucker hinzufügt, dann habt ihr in 2 - 3 Monaten Amaretto.

Schokolaaadeee für alle Fälle

100 g Kakaobutter in Stücken

je nach Sorte im Mixtopf **5-10 Sek./St. 10** zerkleinern, etwa **5 Min./37°/St. 1-2** schmelzen.

45 g Rohkost Kakaobohnen gemahlen
50 g Kakaopulver
1 Prise Salz
1 TL Vanillepulver oder Mark 1 Vanilleschote
150 g Kokosblüten- oder Agavensirup
1 EL Erdnussmus

zugeben und **2-4 Min./37°/St. 2** vermischen bis alles flüssig ist und glänzt.

Je nach Produktmarke ändert sich die Zeit, am besten ihr beobachtet von oben...☺
Zu langes Vermischen macht die Schokolade 'patzig' und Gießen ist nicht mehr möglich.
Die flüssige Masse in Formen gießen – geeignet für Taler, Tafel und Pralinen.
Garnieren bzw. füllen mit Trockenfrüchten, Nüssen, Kokosflocken, Beeren, Blüten oder cremigen Füllungen und allem, was euer Schoko-Herz erfreut.

Anschließend im Kühlschrank über **mehrere Stunden** abkühlen und hart werden lassen oder für eine halbe Stunde in die Gefriertruhe geben. Aber nicht vergessen!

- Durch den hohen Anteil an rohveganen Bestandteilen bleiben die gesunden Eigenschaften am besten erhalten. Der geröstete Kakao im Kakaopulver, der in einem geringeren Anteil mitverwendet wird, rundet das Geschmackserlebnis ab und verbindet die Magie des Regenwaldes mit der süchtig machenden Kraft der Schokolade. ☺

- Tipps und Tricks:
  Wichtig für's Schoko machen im TM: Feste Stoffe in Flüssiges!
  Am besten zuerst die Kakaobutter verflüssigen und dann, sobald diese flüssig ist, die festen Zutaten nach und nach einrieseln lassen.

  Kakaobutter-Chips sind in ca. 5 Sek./St. 10 klein.
  Kakaobutter/-Chips gibt's inzwischen fast überall im Biohandel.

  Grundsätzlich mehr süßen als ihr denkt, da beim Erkalten der Schoko die Süßkraft enorm nachlässt....

  Mandelmus lässt die Schokolade „cremiger bzw. milchiger" schmecken.
  Roher Kakao ist der größte natürliche Magnesiumlieferant und beruhigt das Nervensystem.
  Er wird deswegen auch als das 'Salz der inneren Ruhe' bezeichnet.
  Frische Kakaobohnen sind sehr reich an antioxidativen Flavonoiden – mit weiteren rein pflanzlichen Zutaten entfalten sie die volle Wirkung.

Schoko-Nuss Bolla

100 g Kakaobutter in Stücken

> je nach Sorte im Mixtopf
> **5-10 Sek./St. 10** zerkleinern,
> etwa **5 Min./37°/St. 1-2** schmelzen.

50 g gemahlene Haselnüsse
1 EL Rum
2 EL Erdnussmus
45 g Rohkost Kakaobohnen gemahlen
50 g Kakaopulver
1 bis 2 Prisen Salz
170 g Kokosblüten- oder Agavensirup

> zugeben und **10 Min./37°/St. 2-3** vermischen.
> In eine Schüssel füllen.

Wenn die Masse etwas abgekühlt und formbar ist, mit einem Löffel kleine 'Bolla' abstechen, in Kokosflocken oder Kakaopulver wälzen und entweder solo oder in Papiermanschetten aufbewahren.
Je nach Beschaffenheit der Masse ist sie natürlich auch in Pralinenformen streichbar. Anschließend entweder im Kühlschrank **über mehrere Stunden** kühlen oder im Tiefkühlfach ca. eine halbe Stunde abkühlen und hart werden lassen.

- Durch den hohen Anteil an rohveganen Bestandteilen bleiben die gesunden Eigenschaften am besten erhalten. Der geröstete Kakao im Kakaopulver, der in einem geringeren Anteil mitverwendet wird, rundet das Geschmackserlebnis ab und verbindet die Magie des Regenwaldes mit der süchtig machenden Kraft der Schokolade. ☺
- Tipps:
  Kakaobutter Chips sind in ca. 5 Sek./St. 10 klein.
  Kakaobutter/-Chips gibt's inzwischen fast überall im Biohandel.
  Grundsätzlich mehr süßen als ihr denkt, da beim Erkalten der Schoko die Süßkraft enorm nachlässt....

Avocado-Mohn Eis S.80

Orangen-Kokos Parfait S.82

Lupineneis Vanille S.83

Schlesische Hefeklöße mit Heidelbeersoße S.87

Aprikosenknödel S.88

Schokolaaadeee für alle Fälle S.89, Schoko-Nuss Bolla S.90

Alle Rezeptfotos mit manchen Schritt für Schritt Erklärungen findet ihr unter www.tierfreischnauze.de

Schwarzwälder Kirschbombe

600 g kalte pflanzl. Schlagcreme
3 EL Vanillezucker
2 Päckle Sahnesteif

in den Mixtopf geben und mit
Rühraufsatz St. 4 ohne Messbecher
steif schlagen. Gareinsatz als Spritzschutz
auf den Deckel stellen.
Umfüllen und in den Kühlschrank stellen.
Mixtopf ausschwenken.

250 g Kirschsaft
½ TL Zimt
50 g Vanillezucker
50 g Rohrohrzucker
30 g Speisestärke
1 EL Zitronensaft
1 Schuss Kirschlikör

im Mixtopf **6 Min./100°/St. 2** kochen.

450 g (gefrorene) entkernte Sauerkirschen
(davon 12 Stück zur Seite geben für die Deko)

zugeben und
3 Min./100°/Linkslauf/Sanftrührstufe
weiterkochen.
Umfüllen und in den Kühlschrank stellen.

Schokobiskuit
300 g Mehl
250 g Vollrohrzucker
160 g Kartoffelstärke
2 EL Vanillezucker
80 g Kakao
110 g Sonnenblumenöl
500 g heißes Wasser
1 Prise Salz
1 EL Zitronensaft
1 Päckle Backpulver
2 TL Natron

in den unausgespülten Mixtopf geben und
15 Sek./St. 5 mixen.

Den Teig in eine gefettete Springform (ca. 26 cm) füllen und im vorgeheizten Backofen
bei **180°** Umluft **ca. 45 Min.** backen (Stäbchenprobe). Auskühlen lassen.
Den ausgekühlten Tortenboden mit einem langen Messer 2 x vorsichtig quer
durchschneiden.

Den unteren Boden mit Kirschlikör besprenkeln und die Sauerkirschmasse darauf verteilen. Den mittleren Boden darauflegen. Diesen wieder mit Kirschlikör besprenkeln und ca. 1/3 der Sahne darauf verteilen. Den oberen Boden darauflegen, abermals mit Kirschlikör besprenkeln und die ganze Torte komplett mit Sahne 'zuspachteln' ☺. Zum Schluß mit Sahnetuffs dekorieren.
Den Tortenrand mit **geraspelter veganer Schokolade** verzieren und die
12 Sauerkirschen auf die Sahnetuffs setzen.
Den Dekorationsmöglichkeiten sind keine Grenzen gesetzt... ☺

- Wenn der Tortenboden an der Oberfläche zu unförmig ist, empfehlen wir, diesen Teil abzuschneiden. Gut verpackt hält sich dieser im Kühlschrank viele Tage.
- Rezepttipp: Daraus lässt sich ein leckerer Nachtisch zaubern.
Z. B. Sahne mit Vanillezucker im Mixtopf steif schlagen, Birnenstücke und den Tortenbodenteil dazugeben und auf Stufe 5 (ohne Rühraufsatz) alles kurz miteinander zerkleinern.
...So einfach, aber so lecker... ☺ Lasst eurer Phantasie freien Lauf...

Österr. Mohn-Apfelkuchen

150 g Blaumohn
110 g Vollrohrzucker in den Mixtopf geben. **30 Sek./St. 10** mahlen.
150 g Nussdrink zufüllen. **4 Min./100°/St. 1** erhitzen.
Umfüllen und **10 Min.** quellen lassen.

100 g Nüsse nach Wahl
im Mixtopf **10 Sek./St. 10** mahlen.

5 Äpfel in Stücken
zugeben und **15 Sek./St. 4-5** zerkleinern.

110 g Dinkelmehl
75 g Kartoffelstärke
1 Päckle Backpulver
1 TL Natron
1 ½ EL Vanillezucker
Mohnmischung einwiegen. **15 Sek./Linkslauf/St. 5** mischen.

Den Teig in eine gefettete Springform füllen und im vorgeheizten Backofen bei **200°** Ober-/Unterhitze **ca. 40 Min.** backen. Mit **Zitronen-Puderzuckerguss** bestreichen.

- Dazu einfach Puderzucker und etwas Zitronensaft (Vorsicht! Man hat schnell zu viel Flüssigkeit drin) mit dem Schneebesen zu einem glatten Brei rühren.
Anstatt Zitrone auch sehr lecker mit Orange.

Danke an Anneliese Ilg für dieses Rezept. ☺

Pina Colada-Qvark Torte

Biskuit
150 g Mehl
70 g Kartoffelstärke
100 g Zucker
1 EL Lupinenmehl
1 Päckle Backpulver
½ TL Natron
1 EL Vanillezucker
50 g Sonnenblumenöl
1 EL Zitronensaft
ger. Schale 1 Bio-Zitrone
1 Prise Salz
250 g heißes Wasser   im Mixtopf **10 Sek./St. 5** mixen.

Den Teig in eine gefettete Springform (ca. 26 cm) füllen und im vorgeheizten Backofen bei **180°** Umluft **ca. 25 Min.** backen (Stäbchenprobe).
In der Form auskühlen lassen.
Mixtopf ausspülen.

Creme
400 g kalte pflanzl. Schlagcreme
2 Päckle Sahnesteif   in den Mixtopf geben und mit
     Rühraufsatz St. 4 ohne Messbecher
     steif schlagen. Gareinsatz als Spritzschutz
     auf den Deckel stellen. Umfüllen.

150 g Ananassaft
2 TL Agar Agar
     im Mixtopf **4 Min./100°/St. 2,5** kochen.
     Auf **60°** abkühlen lassen.

500 g veganen Quark oder abgetropften Sojajoghurt
170 g Ananas in Stücken
ca. 60 g Rohrohrzucker
1 EL Vanillezucker
3 EL Kokosflocken
Saft 1 Zitrone
ger. Schale ½ Bio-Zitrone
     zugeben. **15 Sek./St. 4** verrühren. Die

Schlagcreme
     10 Sek./St. 5 einrühren. Abschmecken.

Den Biskuit mit **Rum (optional)** besprenkeln und die Creme darauf verteilen und glatt streichen.

Am besten **über Nacht** im Kühlschrank fest werden lassen.

Den Springformrand lösen und die Torte nach Lust und Laune verzieren, z. B. mit Kokoschips, Kokosflocken, Ananas...

- Qvark/Topven findet ihr in veganen Supermärkten oder im Internet z. B. von der Firma Hiel. Das tolle daran: Er ist komplett sojafrei und schmeckt Klasse.

    Alternativ zum veganen Quark könnt ihr für diese Torte auch
    <u>**Cashewqvark**</u> herstellen.
    200 g Cashews natur
    50 g Sonnenblumenkerne in reichlich Wasser **über Nacht** einweichen.
    abgießen und abspülen. In den Mixtopf geben.

    45 g Kokosfett in Stücken
    45 g Kartoffelstärke
    1 Msp. Salz
    50 g Zitronensaft
    240 g Wasser

    zugeben und **1 Min./St. 10** mixen. Runterschaben. **4 Min./100°/St. 3** kochen. Nochmal **1 Min./St 10** durchmixen.

    In eine Schüssel füllen und abgedeckt **8 Std.** im Kühlschrank durchziehen lassen. Käsekuchen (gebacken) klappt damit aber leider nicht...

Kürbis-Brownies

250 g Kürbis in Stücken
100 g Haselnüsse
80 g vegane zartbittere Schokolade

in den Mixtopf geben.
10 Sek./St. 7 zerkleinern.

250 g Vollkornmehl (Weizen oder Dinkel)
40 g Kartoffelstärke
220 g Vollrohr-/Kokosblütenzucker
2 TL Vanillezucker
150 g neutrales Öl
1 ½ TL Natron
1 Prise Salz
1 TL Zimt
2 EL Kakao
200 g Mineralwasser

zugeben und **15 Sek./St. 6 mithilfe des Spatels** verrühren.

In eine gefettete Brownie-/Auflaufform streichen und im vorgeheizten Backofen bei **175°** Umluft **25 - 30 Min.** backen.

<u>Glasur</u>
75 g vegane Margarine
100 g Vollrohrzucker
30 g Kakao
50 g Mandeldrink

im Mixtopf **4 Min./60°/St. 1-2** schmelzen.

Den abgekühlten Kuchen mit der Glasur bestreichen.

- Anstatt der Haselnüsse kann auch Rückstand vom Mixen des Mandel-/Nussdrinks verwendet werden. ☺
- Ausserhalb der Kürbiszeit auch lecker mit Zucchini.

Karottenkuchen

250 g Karotten in Stücken
250 g Nüsse nach Wahl
100 g Vollrohr-/Kokosblütenzucker
80 g Agavendicksaft
80 g neutrales Öl
50 g Kartoffelstärke
40 g Weichweizengrieß
Saft und Schale 1 Bio-Zitrone   im Mixtopf **20 Sek./St. 6 mithilfe des Spatels** zerkleinern.
150 g Vollkornmehl (Weizen oder Dinkel)
1 Päckle Backpulver   dazugeben. **15 Sek./St. 5 mithilfe des Spatels** verrühren.

Den Teig in eine gefettete Springform streichen und im vorgeheizten Backofen bei **175°** Umluft **ca. 50 Min.** backen.

Mit Kuvertüre glasieren oder mit Puderzucker bestäuben.

- Uns schmeckt dieser Kuchen am besten mit Walnüssen.

Amerikaner

250 g Mehl
30 g Kartoffelstärke
80 g weiche vegane Margarine in Stücken
100 g Vollrohrzucker
1 TL ger. Bio-Zitronenschale
100 g Mandelcuisine
120 g Mandeldrink
1 Päckle Backpulver   im Mixtopf **20 Sek./St. 6** verrühren.

Mithilfe von 2 Eßlöffeln 10 - 12 Häufchen auf ein mit Backpapier ausgelegtes Blech setzen.
Im vorgeheizten Backofen bei **160°** Umluft **ca. 20 min.** backen.
Kurz vor Backzeitende mit etwas Mandeldrink bepinseln.

Die Häufchen etwas abkühlen lassen, umdrehen und die flache Seite mit Puderzuckerguss oder Kuvertüre bestreichen.

Zupfkuchen - sojafrei

200 g Cashews natur mind. 3 Std. in Wasser einweichen.

Boden
300 g Mehl
120 g Zucker
150 g vegane Margarine in Stücken
25 g Kakao
1 Päckle Backpulver
60 g Wasser

im Mixtopf **20 Sek./St. 6** verrühren.

2/3 des Mürbteiges in eine gefettete Springform drücken und einen Rand hochziehen. Mehrmals mit der Gabel einstechen.

Füllung
120 g Milchreis
600 g Mandeldrink

in den Mixtopf füllen und **1 Min./St. 10** mixen.

100 g Rohrohrzucker
150 g vegane Margarine in Stücken
Mark ½ Vanilleschote
20 g Lupinenmehl

hinzufügen. **7 Min./100°/St. 2** zu Pudding kochen.

Saft und Schale 1 Bio-Zitrone
eingeweichte, abgewaschene Cashews

zugeben und **1 Min./St. 10** mixen.

Die Füllung auf den Mürbteig geben.
Den restl. Mürbteig zerzupfen, etwas platt drücken und auf der Füllung verteilen.

Im vorgeheizten Backofen bei **180°** Umluft **ca. 60 Min.** backen.

Vor dem Anschneiden sehr gut auskühlen lassen (Kühlschrank!), am besten über Nacht!

Ananasschnitten - glutenfrei

50 g Rosinen mit heißem Wasser übergießen. **5 Min.** ziehen lassen, dann abgießen und trocken tupfen.

200 g Ananas in Stücken
200 g Zucchini in Stücken
150 g Xylit/Vollrohr- oder Kokosblütenzucker
1 Prise Salz
100 g Kokosöl in den Mixtopf geben. **5 Sek./St. 8** mixen.

330 g Buchweizenmehl
1 Päckle Backpulver
75 g Mineralwasser
gequollene Rosinen zufüllen und **15 Sek./Linkslauf/St. 5-6** verrühren.

Teig auf ein gefettetes Backblech streichen. Im vorgeheizten Backofen bei **180°** Ober-/Unterhitze **ca. 30 Min.** backen. Stäbchenprobe machen. Abkühlen lassen.

Entweder pur genießen oder mit einer **Fruchtsaftglasur** glasieren. Dazu
250 g Fruchtsaft
½ TL Agar Agar im Mixtopf **3,5 Min./100°/St. 1** erhitzen. **Abkühlen lassen,** bis es zu gelieren beginnt und den Kuchen damit bestreichen.

Oder am besten mit **Ananassahnehaube.** Dafür
200 g kalte pflanzl. Schlagcreme
1 EL Vanillezucker
1 Päckle Sahnesteif mit **Rühraufsatz St. 4 ohne Messbecher** steif schlagen. Gareinsatz als Spritzschutz auf den Deckel stellen. Danach Rühraufsatz entfernen.

200 g Ananas
zugeben und **5 Sek./St. 5** zerfetzen. ☺

Die Ananassahne auf den abgekühlten Kuchen streichen.
Mit **Kakao oder Zimt** bestreuen und kühl genießen.
Schmeckt auch am Tag drauf super lecker!

Pia inspirierte Heidi zu dieser Rezeptvariante....

Orangenschnitten libanesisch – glutenfrei

2 dünnhäutige Bio-Orangen in einem Topf mit Wasser bedecken und **2 Std.** köcheln. Wasser wegschütten und die Orangen abkühlen lassen.

250 g Mandeln

im Mixtopf **10 Sek./St. 10** mahlen und umfüllen.

250 g Apfelmus
250 g Xylit/Vollrohr- oder Kokosblütenzucker
gekochte Orangen, geviertelt und entkernt
…mit Schale!!… ☺

in den Mixtopf geben und **30 Sek./St. 7** pürieren.
Mit dem Spatel nach unten schieben.

Gemahlene Mandeln
1 Päckle Backpulver
1 TL Natron
1 Prise Salz
70 g Maisstärke

zugeben. **15 Sek./St. 6** mithilfe des Spatels verrühren.

In eine gefettete, rechteckige Form streichen und im vorgeheizten Backofen bei **180°** Ober-/Unterhitze **60 - 70 Min.** backen (Stäbchenprobe).
In der Form auskühlen lassen.

Entweder ihr lasst den Kuchen pur oder stäubt Puderzucker drüber oder ihr macht eine leckere Sahnehaube drauf wie bei den Ananasschnitten beschrieben.

- Ein super frischer, saftiger Kuchen.

Schokotraumtorte ohne backen

85 g Kürbiskerne
85 g Walnusskerne
85 g Mandeln   in der Pfanne ohne Fett anrösten, bis sie duften. Dann in den Mixtopf geben und **4-5 x** hintereinander auf **Turbo** zerkleinern, bis das Messer durchdreht.
Die Masse immer wieder mit dem Spatel nach unten schieben. Umfüllen.

8 Scheiben Zwieback in Stücken
200 g Datteln entkernt
150 g getr. Feigen
70 g Rosinen
4 EL Vollrohr-/Kokosblütenzucker
200 g naturtrüben Apfelsaft
Saft ½ Zitrone
50 g Kakao
Mark ½ Vanilleschote
2 TL Guarkernmehl oder Johannisbrotkernmehl
                im Mixtopf **8 Sek./St. 6** zerkleinern.

Nussmischung

dazugeben und **50 Sek./St. 6** mithilfe des **Spatels** zu einem glatten Teig vermengen.

Der Teig ist sehr zäh und etwas schwer zu bearbeiten, von daher unter Umständen mit weiteren Intervallen auf Stufe 6 den Teig vermengen. Die Mühe lohnt sich!

Mit feuchten Händen den Teig in eine mit **Kokosflocken oder mit gem. Nüssen** ausgestreute Springform drücken. 2 cm hohen Rand hochziehen.

Creme
1 große weiche Avocado in Stücken
3 Bananen in Stücken
25 g Kakao
2 EL Vanillezucker
2 EL Kokosblütensirup
Saft ½ Zitrone   im Mixtopf **20 Sek./St. 5** mixen.

Die Creme auf den Tortenboden streichen.
Die Torte **4 - 6 Std.** im Kühlschrank ruhen lassen.
Mit Früchten, Schokoraspeln, Schlagcreme, Kakao oderoderoder ...garnieren. ☺
Am selben Tag genießen!

Rohkosttorte Marzipan-Karotte - glutenfrei

300 g Mandeln ohne Haut über Nacht in reichlich Wasser einweichen. Wasser abschütten und die Mandeln abwaschen.

Boden
150 g getr. Pflaumen
50 g getr. Cranberrys
½ TL Zimt
100 g Mandeln
1 kleine Banane
25 g Zitronensaft

im Mixtopf **50 Sek./St. 6** mixen, evtl. zwischendurch mal mit dem Spatel nach unten schieben.

Mit feuchten Händen den Teig in eine mit **Kokosflocken oder mit gem. Nüssen** ausgestreute Springform drücken.

Creme
200 g Datteln entkernt
Saft von 2 Zitronen
200 g Mandeldrink
eingeweichte Mandeln
350 g Karotten in Stücken

in den Mixtopf geben und **ca. 5 Min./St. 6-7 mithilfe des Spatels** zu einer glatten Creme mixen. Evtl. zwischendurch die Masse mal nach unten schieben. Nach Bedarf Mandeldrink zugeben.

Die Creme auf dem Boden verteilen, glatt streichen und mit Früchten nach Wahl garnieren. Mixtopf ausspülen.

Guss
150 g Saft nach Wahl
100 g Wasser
½ TL Agar Agar
Reissirup o. ä. nach Geschmack

im Mixtopf **4 Min./100°/St. 2,5** kochen. **Abkühlen lassen,** bis es zu gelieren beginnt.

Tortenguss über die Früchte verteilen, mit **Melissenblättchen** dekorieren und im Kühlschrank **ca. 3 Std.** ziehen lassen.

- Wem der Rohkosttortenboden zu weich ist, der kann diesen einen Tag vorher zubereiten und in der Springform in der Sonne oder an einem warmen Ort trocknen.

Blueberry-Streusel Muffins

70 g Mehl
50 g Vollrohrzucker
½ TL Zimt
60 g vegane Margarine in Stücken

im Mixtopf **15 Sek./St. 6** zu Streuseln rühren. Umfüllen.

200 g Mehl
50 g Kartoffelstärke
1 Päckle Backpulver
½ TL Natron
1 TL ger. Bio-Zitronenschale
120 g Vollrohrzucker
1 TL Vanillezucker
90 g Sonnenblumenöl
100 g Sojadrink
100 g Sojajoghurt

in den Mixtopf geben und **15 Sek./St. 6** rühren.

200 g Heidelbeeren
2 EL Mehl

miteinander vermischen und mit dem Spatel in den Teig einrühren.

In 12 Muffinförmchen füllen und mit den Streuseln bestreuen.
Im vorgeheizten Backofen bei **170°** Umluft **20 - 25 Min.** backen.

- Für diesen Klassiker unter den Muffins könnt ihr die Heidelbeeren frisch, tiefgekühlt oder aus dem Glas verwenden.
  Die Heidelbeeren aus dem Glas gut abtropfen und die tiefgekühlten nicht auftauen lassen!
  Immer mit etwas Mehl vermischen, damit sie beim Backen nicht auf den Boden sinken.
- Sehr lecker auch mit Johannis- oder Himbeeren.

Krapfen

650 g Mehl
50 g Kartoffelstärke
60 g Vollrohrzucker
1 TL Salz
1 Würfel Hefe
360 g Mandeldrink
75 g weiche vegane Margarine in Stücken
1 Spritzer Zitronensaft

in den Mixtopf geben und
5 Min./Knetstufe kneten. Der Teig sollte weich (wie ein Ohrläpple ☺), aber formbar sein, evtl. Mandeldrink bzw. Mehl zufügen.

Den Teig im geschlossenen Mixtopf **1 Std.** an einem warmen Ort gehen lassen. Dann glatte Bällchen rollen, leicht platt drücken und auf ein Backblech o. ä. legen. Abgedeckt nochmal **ca. 1 Std.** gehen lassen, bis sie schön aufgegangen sind. Sonnenblumenöl o. ä. am besten in einer Frittierpfanne erhitzen. Soviel, dass die Bällchen nicht ganz bis zur Hälfte im Öl liegen, wegen des weissen Randes ☺. Wenn sie ganz untertauchen ist es auch nicht schlimm, dem Geschmack machts nix aus, ob jetzt mit oder ohne Rand. ☺

Das Öl sollte auch nicht zu heiß sein, sonst sind sie außen dunkel, aber innen noch teigig. Zum Test einfach das Ende eines Holzkochlöffels ins Öl eintunken, sobald Blasen am Holz aufsteigen, ist das Öl heiß genug.
Die Bällchen vorsichtig ins Fett legen und pro Seite **2 - 3 Min.** ausbacken.
Deckel ist nicht nötig.

Die Krapfen mit einem Schaumlöffel rausholen und abtropfen lassen.
Mit einer Gebäckspritze, zur Not tuts auch eine Medikamentenspritze, die Krapfen mit **Marmelade oder Schokocreme oder Vanillepudding oderoderoder... Senf...** ☺ seitlich befüllen. Leicht schräg abkühlen lassen, damit die Füllung nicht wieder heraus läuft.

Mit **Puderzucker** bestäuben.

- Zum Füllen mit Schokocreme diese am besten etwas erwärmen, damit sie flüssiger wird.
- Aus dem Teig könnt ihr genauso gut Faschingsküchle machen. Dazu einfach den Teig ca. ½ cm dick ausrollen und Recht- oder Dreiecke ausschneiden, frittieren und in Zucker wenden. ☺ ... Hellauuuu...

Weihnachtskuchen

200 g vegane Margarine in Stücken
130 g Vollrohrzucker
1 EL Vanillezucker
1 Prise Salz
350 g Mehl
ca. 55 g Wasser

in den Mixtopf geben und **20 Sek./St. 6** zu Mürbteig rühren. Umfüllen und abdecken.

250 g Walnüsse

7 Sek./St. 8 zerkleinern und umfüllen.

100 g Mandeln
150 g Datteln entkernt
100 g Marmelade nach Wahl
1 TL Weihnachtsgewürz *
160 g Wasser

in den Mixtopf geben. **30 Sek./St. 10** mixen. Masse nach unten schaben. Die

Walnüsse

zugeben und **15 Sek./St. 4** einrühren.

2/3 des Teiges in eine Springform drücken, Rand hochziehen und mehrmals mit der Gabel einstechen.
Mit **2 EL Marmelade nach Wahl** bestreichen und die Füllung darauf glatt streichen. Aus dem restlichen Mürbteig Sterne o. ä. ausstechen, mit Marmelade bepinseln und auf den Kuchen legen.

Im vorgeheizten Backofen bei **180°** Umluft **ca. 45 Min**. backen.

- Wir empfehlen für diesen Kuchen süsse Orangenmarmelade, Hagebuttenmark, Pflaumenmus oder einfach die Marmelade, die weg muss...

Limetten-Ingwer Augen

200 g Mehl
2 TL ger. Bio-Limettenschale
2 EL Limettensaft
1 TL Ingwerpulver
1 Prise Salz
1 TL Backpulver
90 g Olivenöl (ja wirklich Olivenöl!!)
2 EL Wasser
80 g Vollrohrzucker   im Mixtopf **30 Sek./St. 5-6** mithilfe des Spatels
                                    verrühren.

Der Teig scheint bröselig, er lässt sich aber gut zu kleinen Kugeln formen.
Auf ein mit Backpapier ausgelegtes Backblech legen und mit einem Kochlöffelstiel vorsichtig eine Mulde in die Kugeln drücken.

4 EL Vollrohrzucker
1 EL ger. Bio-Limettenschale
1 EL Limettensaft
2 Msp. Ingwerpulver
miteinander verrühren und vorsichtig in die Mulden füllen.
Im vorgeheizten Backofen bei **170°** Umluft **ca. 12 Min.** backen.

- Mal was anderes, nicht so süß und nicht nur zur Weihnachtszeit... ☺

Nougat-Mohn Taler

80 g Blaumohn
70 g Vollrohrzucker   im Mixtopf **30 Sek./St. 9** mahlen und
                                    runterschaben.

60 g Haferdrink
                                    zufüllen und **5 Min./100°/St. 2** erhitzen.

500 g Dinkelmehl
200 g Vollrohrzucker
125 g veganes Nougat in Stücken
1 Päckle Backpulver
2 EL Vanillezucker
300 g vegane Margarine in Stücken zugeben und **40 Sek./St. 6-7** mithilfe des
                                    Spatels verkneten.

Den Teig **30 Min.** eingewickelt kalt stellen. Anschließend kleine Kugeln formen und diese, mithilfe eines geölten Esslöffels, auf einem mit Backpapier ausgelegten Blech zu Talern drücken.
Im vorgeheiztem Backofen bei **175°** Umluft **ca. 15 Min.** backen.
Dekorieren nach Lust und Laune oder auch nicht...

- Ihr könnt auch einen Taler mit Marmelade/Nougatcreme bestreichen und einen zweiten draufkleben. Alles ist möglich... ☺
- Ne ne, denkt nicht, dass die halbe Menge auch reichen würde, die sind wirklich schneller weg, als ihr denken könnt! ☺

Türkische Mehlkekse

150 g Rohrohrzucker

15 Sek./St. 10 zu Puderzucker mahlen und umfüllen.

150 g vegane Margarine in Stücken
100 g Puderzucker

im Mixtopf **30 Sek./St. 5** schaumig rühren.

20 g Speisestärke
30 g Sonnenblumenöl
1 TL Backpulver
ca. 300 g Mehl

dazugeben und **3 Min./Knetstufe** kneten. Der Teig sollte geschmeidig sein, dementsprechend die Öl-/Mehlmenge anpassen.

Vorsichtig 2 lange Rollen formen, der Teig ist ziemlich mürbe, zerfällt leicht, aber es geht schon. Die Rolle leicht plattdrücken, schräg ca. 1 cm dicke Scheibchen abschneiden und diese auf ein mit Backpapier ausgelegtes Blech legen.

Im vorgeheizten Backofen bei **175°** Umluft **15 Min.** backen.
Die Kekse sollten noch hell sein, aber die Kanten ganz leicht gebräunt.
Den Ofen ausschalten und noch **5 Min.** im Ofen ruhen lassen.

Nach dem Abkühlen viel Puderzucker daraufsieben.

- Diese Kekse zerfallen wie Staub auf der Zunge, wir nennen sie deshalb auch Staubkekse.
- Schnell gemacht und schnell gegessen… ☺

Amaranth-Kartoffellebkuchen

50 g Amaranth
100 g Vollrohr-/Kokosblütenzucker

    im Mixtopf **1 Min./St. 10** mahlen.
    Etwas auf den Deckel legen, da es staubt... ☺

100 g Vollrohr-/Kokosblütenzucker
120 g Mandeln
120 g Haselnüsse

    zufügen und **10 Sek./St. 10** mahlen.
    Umfüllen.

250 g Kartoffeln in Stücken

    8 Sek./St. 5 zerkleinern. Runterschaben und

20 g Wasser

    zugeben. **6 Min./100°/St. 2** dünsten.

1 TL ger. Bio-Orangenschale
1 TL ger. Bio-Zitronenschale
125 g vegane Margarine in Stücken
1 Päckle Backpulver
1 ½ EL Weihnachtsgewürz *
30 g Kartoffelstärke
1 Prise Salz

    zugeben und **10 Sek./St. 10** durchmixen.

Nussmehlmischung

    hinzufügen. **20 Sek./St. 5-6 mithilfe des**
    Spatels vermengen.

Je 1 EL Teig auf Lebkuchenoblaten setzen und im vorgeheizten Backofen bei
175° Umluft ca. 15 Min. backen.
Mit Kuvertüre oder Puderzuckerguss bestreichen.

- Für uns die BESTEN Lebkuchen. ☺
- Wer grad keine Oblaten zur Hand hat, kann sie auch ohne backen. Dann sollten sie aber rundherum mit Kuvertüre oder Puderzuckerguss bepinselt werden.
- Am besten eins probebacken wegen des Auseinanderlaufens, aber eigentlich sind sie perfekt. ☺

Schwarzwälder-Kirschbombe S.92

Pina Colada-Qvark Torte S.94

Rohkosttorte Marzipan-Karotte – glutenfrei S.102

Blueberry-Streusel Muffins S.103

Weihnachtskuchen S.105

Limetten-Ingwer Augen S.106

Alle Rezeptfotos mit manchen Schritt für Schritt Erklärungen findet ihr unter
www.tierfreischnauze.de

Mediterranes Faltenbrot

1 Tomate in Stücken
10 g entkernte Oliven
1 EL frischen Basilikum
1 TL frischen Thymian
1 TL frischen Rosmarin
1 Frühlingszwiebel in Stücken
2 Knoblauchzehen
1 gestr. TL Kräutersalz
50 g Olivenöl

in den Mixtopf geben und **20 Sek./St. 5** zerkleinern. Mit dem Spatel nach unten schieben und nochmal **10 Sek./St. 7**.

20 g Pinienkerne

zugeben und **3 Sek./St. 2** vermischen. Umfüllen, Reste bleiben im Mixtopf!

350 g Mehl nach Wahl
½ Würfel Hefe
1 gestr. TL Kräutersalz
½ TL Zucker
20 g Olivenöl
ca. 150 g Wasser, je nach Mehlsorte

im Mixtopf **5 Min./Knetstufe** kneten.

Den Teig auf bemehlter Arbeitsfläche zu einem langen Rechteck ausrollen (Pizzadünn). Mit der Tomatenmasse bestreichen und 2 x der Länge nach zu
3 gleich großen Streifen durchschneiden. Jeden Streifen zuklappen und grob wie eine Ziehharmonika/Schlange in eine gefettete Auflaufform legen, mit der offenen Seite nach oben. Muss nicht schön aussehen… ☺

An einem warmen Ort zugedeckt **gehen lassen**, bis der Teig die Form ausgefüllt hat.

Im vorgeheizten Backofen bei **200°** Umluft **25 – 30 Min.** backen.

- Ein ideales Grillpartybrot. ☺

Kürbisbrot

150 g Dinkel

im Mixtopf **1 Min./St. 10** mahlen.

250 g Kürbis in Stücken

zugeben und **10 Sek./St. 6** zerkleinern.

300 g Mehl nach Wahl
50 g Maismehl
60 g Kürbiskerne
20 g Rapsöl
½ Würfel Hefe
1 ½ TL Salz
ca. 180 g Wasser

hinzufügen. **5 Min./Knetstufe** kneten.
Der Teig sollte weich, aber formbar sein,
evtl. mehr Wasser/Mehl zugeben.

Den Teig in eine mit Mehl bestäubte Schüssel füllen und zugedeckt an einem warmen Ort **gehen lassen**, bis er schön aufgegangen ist.

Das Ganze nun auf einen Backstein oder ein gefettetes Blech stürzen und wie Tortenstücke mit einem Messer einritzen. So sieht es nach dem Backen einem Kürbis ziemlich ähnlich. ☺
Mit Kürbiskernen dekorieren und im vorgeheizten Backofen bei **230°** Umluft **10 Min.** backen. Danach auf **190°** runterschalten und **ca. 30 Min**. fertigbacken.

- Ein fertiges Brot klingt hohl, wenn man drauf klopft. ;-)
- Hierbei möchten wir nochmal erwähnen, dass ihr alle Rezeptfotos, teilweise mit Schritt für Schritt Erklärungen, auf unserer Werbeseite findet (siehe Info).
- Körner und Saaten bleiben schön haften, wenn man Brot/Brötchen mit einer Mischung aus Wasser und Mehl einpinselt.
  Ein Schuss Öl dazu sorgt für etwas Glanz. ☺

Malzbier-Flockenbrot

330 g Malzbier
100 g Haferflocken
50 g Reisflocken
50 g Hirseflocken

im Mixtopf **4,5 Min./90°/Linkslauf/St. 1** erhitzen.

Den Deckel öffnen und die Flockenmischung auf **50° abkühlen lassen**.

250 g Weizenvollkornmehl
250 g Roggenmehl
½ Würfel Hefe
15 g Trockensauerteig
2 TL Salz
350 g Wasser

zur Flockenmischung geben und **5 Min./Knetstufe** kneten.

Den Teig in eine gefettete, mit Flocken ausgestreute Form mit Deckel füllen und an einem warmen Ort solange **gehen lassen**, bis er schön aufgegangen ist.

Mit Flocken bestreuen und im vorgeheizten Backofen bei **230°** Umluft **10 Min.** mit Deckel backen. Den Ofen auf **190°** runterschalten und **ca. 30 Min.** fertig backen.

Den Deckel öffnen und das Brot in der Form etwas abkühlen lassen.
Dann auf ein Kuchengitter stürzen und auskühlen lassen.

- Ihr könnt natürlich auch jegliche andere Art von Flocken nehmen. Die Gesamtflockenmenge sollte immer 200 g sein.
- Als Form eignet sich z. B. hervorragend ein Bräter.
- Herzhaft und saftig…

Danke an Ikors für diese Rezeptidee… ☺

Hanf-Nussbrot
(Nussdrinkrückstandsverwertung ☺)

200 g Dinkel
2 EL Lein- oder Chiasamen

                                         im Mixtopf **2 Min./St. 10** mahlen.

170 g Nussrückstand
80 g geschälte Hanfsamen
250 g Roggenmehl
30 g Hanf-/Leinsamenöl
1 EL Traubensirup (Pekmez)
oder Zuckerrübensirup
1 ½ TL Salz
¾ Würfel Hefe
400 g Wasser

                                         zugeben und **5 Min./Knetstufe** kneten.

Den Teig in eine gefettete, mit Mehl ausgestreute Form füllen und abgedeckt an einem warmen Ort solange **gehen lassen**, bis er schön aufgegangen ist.

Mit Hanfsamen bestreuen und im vorgeheizten Backofen bei **230°** Umluft **10 Min.** backen. Den Ofen auf **190°** runterschalten und **ca. 30 Min.** fertig backen.

In der Form etwas abkühlen lassen.
Dann auf ein Kuchengitter stürzen und auskühlen lassen.

- Superleckersaftiggut ... ☺
- Nussrückstand sammeln wir in einer Dose im Gefrierschrank und tauen ihn dann je nach Bedarf auf - teilweise auch mit Kokosanteil. In diesem Brot schmeckt alles.

Körnchenbrot

100 g Weizen über Nacht in reichlich Wasser einweichen.
Bisstest machen. Sollte er euch noch zu hart sein, evtl. 20 - 30 Min. weich kochen.

100 g Dinkel
80 g Quinoa (als Ersatz Amaranth oder Hirse)
                        im Mixtopf **30 Sek./St. 10** mahlen.
100 g Sonnenblumenkerne
50 g Kürbiskerne
30 g Lein- oder Chiasamen
30 g Sesam
eingeweichten Weizen
100 g Weizenvollkornmehl
50 g Roggenmehl
30 g Sonnenblumenöl
30 g Traubensirup (Pekmez)
oder Zuckerrübensirup
1 ½ TL Salz
1 Würfel Hefe
200 g Wasser
                        zugeben und **5 Min./Knetstufe** zu einem zähen
                        Teig kneten.

Den Teig in eine gefettete, mit Mehl ausgestreute Form streichen und abgedeckt an einem warmen Ort solange **gehen lassen**, bis er schön aufgegangen ist.

Mit **Körnern/Saaten** bestreuen und im vorgeheizten Backofen bei
230° Umluft **10 Min.** backen.
Den Ofen auf **190°** runterschalten und **ca. 30 Min.** fertig backen.

In der Form etwas abkühlen lassen.
Dann auf ein Kuchengitter stürzen und auskühlen lassen.

Karottenspaghettibrot

150 g Dinkel
40 g Nüsse oder Sonnenblumenkerne

im Mixtopf **1 Min./St. 10** mahlen.

250 g Weizenvollkornmehl
100 g Roggenmehl
20 g Leinsamen
20 g Haferflocken
1 EL Traubensirup (Pekmez)
oder Zuckerrübensirup
½ Würfel Hefe
15 g Trockensauerteig
1 ½ TL Salz
20 g Rapsöl
400 g Wasser

einwiegen und **4 Min./Knetstufe** kneten.

60 g Karottenspaghetti

zugeben und nochmal **1 Min./Knetstufe** kneten.

Eine Kastenform mit Öl ausstreichen und mit Haferflocken bestreuen.
Den Teig einfüllen, mit einem nassen Spatel glattstreichen und ebenfalls mit Haferflocken bestreuen.
Den Teig abgedeckt an einem warmen Ort solange **gehen lassen**, bis er schön aufgegangen ist.

Im vorgeheizten Backofen bei **230°** Umluft **10 Min.** backen.
Den Ofen auf **190°** runterschalten und **ca. 30 Min.** fertig backen.

In der Form etwas abkühlen lassen.
Auf ein Kuchengitter stürzen und auskühlen lassen.

- Wer keinen Gemüsespiralschneider besitzt, kann die Karotte in Stücken nach dem Dinkelmahlvorgang zugeben und 5 Sek./St. 6 zerkleinern. Danach die restl. Zutaten einwiegen und 5 Min. kneten.
- Optisch sind die etwas zerfetzten Spaghetti witziger. ☺

Rosinen-Zimtstrudelbrot

350 g Mehl
30 g Speisestärke
70 g Vollrohrzucker
65 g weiche vegane Margarine in Stücken
20 g Sonnenblumenöl
½ Würfel Hefe
1 Prise Salz
ca. 180 g Sojadrink Vanille

in den Mixtopf geben und **4 Min./Knetstufe** kneten. Der Teig sollte weich, aber formbar sein, evtl. mehr Sojadrink/Mehl zugeben.

100 g Rosinen

1 Min./Knetstufe einkneten.

Den Teig auf bemehlter Arbeitsfläche ausrollen (Länge einer Kastenform).

1 geh. EL Vollrohrzucker
½ EL Zimt
mischen und 2/3 davon auf dem Teig verteilen. Den Teig aufrollen, in eine gefettete Kastenform legen und zugedeckt an einem warmen Ort gehen lassen,
bis er schön aufgegangen ist.

Mit etwas Sojadrink bepinseln und die restl. Zucker-Zimtmischung drüberstreuen.
Im vorgeheizten Backofen bei **180° Umluft 30 - 40 Min**. backen.

Nach dem Backen sofort mit einem sauberen (Geschirr-) Tuch abdecken,
so bleibt es schön weich.
Nach ca. 15 Min. aus der Form stürzen und abgedeckt auskühlen lassen.

- Am besten frisch mit Margarine, Marmelade, Schokoaufstrich oder ganz ohne was genießen. Perfekt zum Kaffee.
- Dieses Rosinenbrot ist auch am 3. Tag noch saftig. ☺

Orient-Express Hörnchen

500 g Mehl
120 g Sonnenblumenöl
300 g Sojajoghurt
1 TL Salz
1 TL Vollrohrzucker
1 ½ Päckle Backpulver

in den Mixtopf geben und
3 Min./Knetstufe kneten.
Der Teig sollte sehr geschmeidig
sein und nicht kleben.

Den Teig teilen und zu zwei Kugeln formen. Jede rund (wie eine Pizza) ausrollen.
Beide Teigfladen mit
je 2 EL leicht geschmolzener veganer Margarine bestreichen.

Beide Fladen 4 x überkreuz, wie eine Torte, in 8 Stücke schneiden und locker von der breiten Seite her zu Hörnchen aufrollen.

Mit der Naht nach unten auf ein mit Backpapier ausgelegtes Backblech legen. Mit **Sojacuisine** bepinseln, evtl. mit Saaten bestreuen, und im vorgeheizten Backofen bei **175°** Umluft **ca. 20 Min**. goldgelb backen.

Nach dem Backen sofort mit einem sauberen (Geschirr-) Tuch abdecken,
so bleiben sie schön weich und fluffig.

- Perfekt zum Sonntagsfrühstück …
- Dieser Teig ist super wandelbar, z. B. auch als schnelle Pizza oder als Brötchen (türkische Poğaça) gebacken.
- Wer mag, kann die Hörnchen/Brötchen vor dem Backen gleich füllen. Hierzu eignen sich salzige (Spinat, gekochte Kartoffeln, Oliven…), sowie auch süße (Schokolade, Nüsse, Rosinen…) Füllungen.

Guten-Morgen-Müsli Brötchen

Am Vorabend:

100 g Dinkel

im Mixtopf **1 Min./St. 10** mahlen.

100 g Apfel in Stücken

zugeben und **7 Sek./St. 5** zerkleinern.

450 g Weizenvollkornmehl
50 g kernige Haferflocken
25 g Sonnenblumenkerne
25 g Walnüsse
25 g gepoppten Amaranth
1 EL Chia- oder Leinsamen
½ Messbecher Rosinen
20 g Traubensirup (Pekmez)
10 g frische Hefe
1 TL Kokosöl
1 TL Salz
ca. 290 g Wasser

einwiegen. **5 Min./Knetstufe** kneten.

Aus dem Teig längliche Brötchen formen, der Länge nach einschneiden und mit bissle Abstand nebeneinander in eine gefettete Form oder auf ein Backblech legen. Mit einem sauberen Tuch abdecken und in eine Tüte packen. Im Kühlschrank oder auf dem kalten Balkon **über Nacht gehen lassen**.

Am nächsten Morgen:

2 EL Olivenöl mit
2 EL Wasser
vermischen und die Brötchen einreiben. Mit **Saaten/Körnern nach Wahl** bestreuen.

Im vorgeheizten Backofen bei **200° Umluft 20 – 25 Min.** backen.

- Herzhaft, süß oder einfach nur mit veganer Margarine… alles super lecker… ☺
- Wer diese Brötchen spontan backen möchte, verwendet einfach mehr Hefe.

- **Bitte bei allen Rezepten die Knetzeit einhalten, da sich nur so die Zutaten optimal verkneten.**

Mediterranes Faltenbrot S.110

Kürbisbrot S.111

Karottenspaghettibrot S.115

Rosinen-Zimtstrudelbrot S.116

Orient-Express Hörnchen S.117

Guten-Morgen-Müsli Brötchen S.118

Alle Rezeptfotos mit manchen Schritt für Schritt Erklärungen findet ihr unter
www.tierfreischnauze.de

Veta - sojafrei

60 g Sonnenblumenkerne
40 g Cashews natur
200 g Wasser

im Mixtopf **1 Min./St. 10** mixen. Runterschieben und evtl. nochmal kurz durchmixen.

100 g Kokosfett
2 EL Zitronensaft
65 g Kartoffelstärke
1 Päckle Agaranta/Argatine
1 gestr. TL Salz
1 EL Lupinenmehl

zugeben und **5 Min./100°/St. 3** erhitzen. Mit

2 EL Hefeflocken

20 Sek./St. 5 mixen.

Den Veta in eine mit Olivenöl ausgeriebene oder mit Folie ausgelegte rechteckige Form geben und abgedeckt am besten über Nacht im Kühlschrank abkühlen lassen. Vorsichtig mithilfe eines Silikonspatels stürzen.

- Dieses Rezept könnt ihr wunderbar mit Kräutern, Gewürzen etc. abwandeln oder in runde Formen füllen wie Mozzarella.
- Bitte kein Kokosöl verwenden. Kokosfett ist geschmacksneutral.
- Alternativ kann anstatt der ersten drei Zutaten 300 g Sojajoghurt (Sojade) verwendet werden.
- Agaranta/Agartine hat neben Agar Agar noch Pfeilwurzmehl mit dabei, deshalb nicht einfach austauschen. Agaranta (Fa. BioVegan) gibts z. B. im Veganz, Agartine gibts in jedem größeren Supermarkt (Fa. Ruf).
- Rezepttipp:
Für leckeren Streukäse schneidet ihr den Veta in Scheiben, legt sie auf ein großes Brett und gebt dieses ein paar Stunden ins Gefrierfach. Dann gefroren im TM schreddern. In einen Gefrierbeutel füllen, wieder einfrieren und nach Bedarf auf Pizza etc. gefroren drauf streuen.
Etwas antauen lassen, dann ab in den Ofen. ☺

Walnuss-Schmelzkähse

200 g Sojajoghurt (Sojade)
100 g Kokosfett
1 Päckle Agaranta/Argatine
2 EL Lupinenmehl
55 g Kartoffelstärke
25 g Zwiebeln
½ gestr. TL Salz
½ TL Paprikapulver süß
etwas Pfeffer

im Mixtopf **10 Sek./St. 5** zerkleinern. Runterschieben und **4 Min./100°/St. 3** erhitzen. Mit

1 EL Hefeflocken

20 Sek./St. 5 mixen.
2/3 der Masse umfüllen!

40 g Walnüsse

zum restlichen Drittel zugeben und **10 Sek./St. 5** zerkleinern.

1/3 der Kähsemasse in ein mit Öl bestrichenes oder mit Folie ausgelegtes Schälchen füllen. Die Walnussmasse vorsichtig drauf geben und das letzte Drittel der Kähsemasse darüber streichen.
Abgedeckt am besten über Nacht im Kühlschrank abkühlen lassen.
Vorsichtig mithilfe eines Silikonspatels stürzen.

- Dieser extrem leckere, käsige Kähse lässt sich auch nach Lust und Laune abwandeln. Anstatt der Walnüsse schmeckt er z. B. auch sehr lecker mit einem Löffel unserer fruchtigen Chilimarmelade S. 127.
- Bitte kein Kokosöl verwenden. Kokosfett ist geschmacksneutral.
- Agaranta/Agartine hat neben Agar Agar noch Pfeilwurzmehl mit dabei, deshalb nicht einfach austauschen. Agaranta (Fa. BioVegan) gibts z. B. im Veganz, Agartine gibts in jedem größeren Supermarkt (Fa. Ruf).

Paprikavurst / Aufschnitt

1 Zwiebel in Stücken
1 Knoblauchzehe
1 EL Tomatenmark
30 g Öl nach Wahl (z. B. BBQ-Öl)
½ rote Paprika in Stücken
15 g getr. Tomaten in Öl

im Mixtopf **8 Sek./St. 5** zerkleinern.

Die Gemüsemasse in einer Pfanne anrösten, bis sie anfängt, dunkel zu werden.
Mit **1 EL Sojasoße** ablöschen.

150 g Glutenpulver/Seitanfix
1 EL Haferflocken
1 EL Hefeflocken

in den Mixtopf geben und **10 Sek./St. 6** mischen.

1 EL Bratensoßenpaste/-Pulver
1 EL Vleischgewürz *
1 TL Paprikapulver süß
5 g Agavendicksaft
1 gestr. TL Rauchsalz
etwas Pfeffer

zugeben. **30 Sek./St. 5** verrühren.

60 g Wasser
angebratene Gemüsemasse

zufüllen. Nochmal **30 Sek./St. 5** verrühren.

Die Masse abschmecken, evtl. mehr Rauchsalz zufügen, und auf St. 5 durchmischen.
Den Teig mit den Händen glatt kneten, zu einer Wurst formen (wie Fleischwurst), fest
mit Frischhaltefolie oder Alufolie einpacken und in den Varoma legen.

1300 g Wasser in den Mixtopf füllen. Varoma aufsetzen und **60 Min./Varoma/St. 2**
kochen. Die Vurst auspacken, abkühlen lassen und **1 Tag** in einem Frischebehälter im
Kühlschrank ziehen lassen. Mit einer Schneidemaschine in dünne Scheiben schneiden,
aufs Brot legen und evtl. mit Senf/Meerrettich bestreichen… lecker!! ☺

- Diese Seitanvurst hält sich ca. 2 - 3 Wochen im Kühlschrank.
- Genial auch auf Pizza oder für Fondue.

Vleischsalat

80 g Cashews natur
100 g Wasser
5 g Zitronensaft
1 TL Hefeflocken
½ TL Kräutersalz

in den Mixtopf geben. **30 Sek./St. 10** mixen. Nach unten schaben und

½ TL Senf
50 g vegane Mayonnaise
1 EL scharfes Paprikamark (optional)
1 Schuss Agavendicksaft
100 g Paprikavurst * in Scheiben
100 g Essiggurken in Stücken

zugeben und **5 Sek./St. 4** zerkleinern.
Mit Salz und evtl. Gurkenwasser abschmecken.

Türkischer Tofutieraufstrich

200 g Tofu natur in Stücken
70 g gebackene rote Paprika aus dem Glas
30 g getr. Tomaten in Öl
5 Oliven entkernt
1 Frühlingszwiebel in Stücken
1 Knoblauchzehe
1 EL Petersilienblättchen
1 TL frische Minze
1 TL frischen Rosmarin
1 TL Tomatenmark
40 g Sonnenblumenkerne
20 g Walnüsse
1 TL Kräutersalz
80 g Olivenöl
50 g Wasser

im Mixtopf **10 Sek./St. 6** mixen.

- Hierfür könnt ihr auch einen Tofu nehmen, der evtl. ein Fehlkauf war und euch nicht wirklich schmeckt. Mit diesem Rezept macht ihr ihn schmackhaft. ☺

Hausmacher Lebensvurst

50 g Sonnenblumenkerne

in den Mixtopf geben. **15 Sek./St. 10** zerkleinern und umfüllen.

50 g Grünkern
¼ Lorbeerblatt

im Mixtopf **20 Sek./St. 10** zerkleinern und ebenfalls umfüllen.

1 große Zwiebel in Stücken
30 g vegane Margarine

in den Mixtopf geben und **5 Sek./St. 5** zerkleinern. **6 Min./Varoma/St. 1 ohne Messbecher** anbruzzeln.

140 g Wasser
1 TL Suppengrundstock/-Pulver
zerkleinerten Grünkern

zugeben. **7 Min./100°/St. 2** kochen.

2 EL frische Petersilienblättchen
2 EL frischen Thymian (1 EL getrocknet)
1 Frühlingszwiebel mit Grün in Stücken
40 g vegane Margarine
¼ TL Pfeffer
½ TL Rauchsalz
¼ TL Muskat
1 Prise Kardamom
zerkleinerte Sonnenblumenkerne

zugeben und **30 Sek./St. 5** mixen.

Mindestens **3 Stunden** im Kühlschrank ziehen lassen und zimmerwarm servieren.

Danke an Lisa für diese leckere Vurst. :-*

Hanf-Erdäpfelkäs

100 g Cashews natur
70 g Wasser
30 g neutrales Öl
10 g Zitronensaft   im Mixtopf **20 Sek./St. 10** mixen.
Von Deckel und Rand zurück schaben.

250 g gekochte Kartoffeln in Stücken
1 Frühlingszwiebel in Stücken
30 g Cornichons
15 g Cornichonsud
30 g geschälte Hanfsamen
1 TL Senf
1 TL Meerrettich
1 EL Hefeflocken
½ TL Parikapulver süß
1 TL Käutersalz
etwas Pfeffer   zugeben und **15 Sek./St. 6** mixen.

- Einer der leckersten Brotaufstriche... ☺
- Wir verwenden für diesen Aufstrich am liebsten frisch gekochte Kartoffeln. Von der Konsistenz sieht es dann aus wie Schmelzkäse - es zieht Fäden. Natürlich könnt ihr auch übriggebliebene Kartoffeln verwenden, evtl. muss dann die Flüssigkeitsmenge erhöht werden.
- Hanfsamen schmecken nussig lecker und sind eine gesunde Beigabe in Salat oder Aufstrich.

Orient Aufstrich

100 g Cashews natur
100 g Wasser
10 g Zitronensaft   im Mixtopf **1 Min./St. 10** mixen.
Vom Deckel und Rand zurück schaben.

100 g Erdnusscreme
1 kleinen Apfel
2 EL Paprikamark mild oder scharf
½ TL Currypulver *
¼ TL Salz
½ TL ger. Bio-Zitronenschale   zugeben und **10 Sek./St. 6** verrühren.

- Wie fast alle Aufstriche ergibt auch dieser, erhitzt mit einer Cuisine, eine leckere Soße zu Nudeln oder Reis.

Ali Baba's Dattelwolke

200 g kalte pflanzl. Schlagcreme

in den Mixtopf füllen und mit **Rühraufsatz St. 4 ohne Messbecher** steif schlagen. Gareinsatz als Spritzschutz auf den Deckel stellen.

100 g Datteln entkernt
1 große Knoblauchzehe
½ TL frische Minze
½ TL Kreuzkümmel (Cumin)
¼ TL Kurkuma
½ TL Kräutersalz
¼ TL Currypulver *
20 g Paprikamark scharf
1 EL frischen Blutorangensaft

zugeben und **15 Sek./St. 6** mixen.

- Ohoooo, das ist mal was feines… ☺

Rote Linsen-Ananas Aufstrich

250 g vegane Margarine in Stücken
1 Zwiebel
1 Knoblauchzehe

im Mixtopf **5 Sek./St. 5** zerkleinern.
5 Min./Varoma/St. 1 ohne Messbecher dünsten.

250 g rote Linsen
500 g Wasser
1 EL Ingwergrundstock **
2 EL Suppengrundstock/-Pulver
1 EL Currypulver *
½ TL Kreuzkümmel (Cumin)
1 TL Kräutersalz
150 g Ananas in Würfeln

zugeben und **15 Min./100°/St. 1** kochen.
10 Sek./St. 8 pürieren.

- Nicht nur ein Aufstrich, sondern auch ein hervorragender Rohkostgemüsedipp.
- ** Den Ingwergrundstock (Rezept in Band 1) könnt ihr ohne weiteres durch frischen Ingwer und etwas Salz austauschen.

Danke an Myri für dieses leckere Rezept.

Fruchtige Chilimarmelade

200 g rote Chilischoten
60 g Pfirsich
½ TL Ingwergrundstock **

in den Mixtopf geben. Auf **Stufe 10** solange zerkleinern, bis nur noch die Kerne der Chilis sichtbar sind. Zwischendurch evtl. nach unten schieben. Achtung, nicht tief einatmen! ☺

130 g Gelierzucker 2:1

zugeben. **10 Min./100°/St. 2** kochen.

In ein Schraubglas füllen und kühl aufbewahren.

- Diese Marmelade schmeckt ultragenial auf vKäse (z. B. Wilmersburger würzig), aber auch lecker als Dipp zu Gegrilltem...
- ** Ingwergrundstock (Band 1) kann durch ein kleines Stück Ingwer und eine Prise Salz ausgetauscht werden.

Feigenmus

1 kg Feigen halbiert

in den Mixtopf geben. **15 Sek./St. 5** zerkleinern. **15 Min./Varoma/St. 2 ohne Messbecher** kochen. Gareinsatz als Spritzschutz auf den Deckel stellen.

200 g Vollrohrzucker
Mark ½ Vanilleschote
1 EL Zitronensaft

zugeben. **20 Min./Varoma/St. 1-2 ohne Messbecher** einkochen. Gareinsatz als Spritzschutz nicht vergessen.
20 Sek./St. 7-8 (mit Messbecher ☺) pürieren.

Heiß in Schraubgläser füllen und kühl lagern. Hält sich mehrere Monate.

- Der Zucker wird nicht von Anfang an hinzugefügt, da Früchte sonst Saft ziehen.
- Auch sehr lecker mit Pflaumen. Dafür 250 g Vollrohrzucker verwenden.
- Mit einem Schuss Rum oder Amaretto verfeinern.

Schoko-Zwetschgenstreich

750 g entsteinte Zwetschgen
2 Nelken
1 TL Zimt

in den Mixtopf geben und
20 Min./Varoma/St. 2 ohne Messbecher
kochen. Gareinsatz als Spritzschutz auf den Deckel stellen.

200 g Vollrohrzucker
30 g Cashewmus
75 g vegane zartbittere Schokolade
20 g Amaretto

zugeben. **10 Min./100°/St. 2 ohne Messbecher** weiterkochen. Den Gareinsatz als Spritzschutz nicht vergessen. ;-)
30 Sek./St. 7-8 (mit Messbecher ☺) pürieren.

In ein Schraubglas füllen und im Kühlschrank aufbewahren.
Hält sich ca. 6 Wochen.

- <u>Rezepttipp:</u>
  Mousse au Zwetschgenchocolat
  300 g pflanzl. Schlagcreme, 1 EL Vanillezucker, 1 Päckle Sahnesteif
  in den Mixtopf geben und mit **Rühraufsatz St. 4** ohne Messbecher
  steif schlagen. Gareinsatz als Spritzschutz auf den Deckel stellen.
  260 g Schoko-Zwetschgenstreich zugeben und mit **Rühraufsatz**
  10-15 Sek./St. 2,5 einrühren. In eine Schüssel füllen und über Nacht
  im Kühlschrank fest werden lassen.

Dattelcreme/Dattelsirup

200 g weiche Datteln (Deglet Nour) entkernt
200 g Wasser

im Mixtopf ca. **40 Sek./St. 10** cremig mixen.

In ein Schraubglas füllen und im Kühlschrank aufbewahren.

- Entweder aufs Brot oder zum Süssen anstatt Agavendicksaft etc. verwenden.
- Ihr könnt die Creme mit Zimt, Vanille etc. nach eurem Geschmack verfeinern.
- Hält sich im Kühlschrank 2 - 4 Wochen. Das Problem ist nicht der Schimmel, sondern, dass es zu Gären anfängt: Mal früher, mal später...

Orangen-Löwengelee

Gewaschene Löwenzahnknospen bis zur ½ Liter Markierung (ca. 125 g)
in den Mixtopf füllen.
600 g Wasser
zufüllen und **7 Min./100°/Sanftrührstufe** kochen.

Den Sud mit Blüten umfüllen, kühl stellen und **24 Std.** ziehen lassen.

<u>Am nächsten Tag:</u>
Gareinsatz in den Mixtopf einhängen, mit Küchenpapier auslegen.
Waage anstellen und den Sud durch das Garkörbchen in den Mixtopf füllen.
Eventuellen Flüssigkeitsverlust auf
500 g Flüssigkeit auffüllen.

200 g frisch gepressten Orangensaft
Saft 1 Zitrone
3 Orangen ohne weiße Haut, in Stücken
400 g Xylith-Gelierzucker mit Pektin 3:1 (oder anderen)
½ bis ¾ TL Agar Agar
Mark 1 Vanilleschote
zugeben und **25 Min./100°/St. 2 ohne Messbecher** kochen.
Gareinsatz als Spritzschutz auf den Deckel stellen.
Gelierprobe machen!

Heiß in Schraubgläser füllen und kühl lagern. Hält sich mehrere Monate.

- Bei Verwendung von herkömmlichem Gelierzucker ist kein Agar Agar notwendig, die Gelierfähigkeit ist höher.

Löwen-Sirup

Gewaschene Löwenzahnknospen bis zur 1 Liter Markierung (ca. 250 g)
in den Mixtopf füllen.
1000 g Wasser
zufüllen und **7 Min./100°/Sanftrührstufe** kochen.

Den Sud mit Blüten umfüllen, kühl stellen und **24 Std.** ziehen lassen.

Am nächsten Tag:

Gareinsatz in den Mixtopf einhängen, mit Küchenpapier auslegen.
Waage anstellen und den Sud durch das Garkörbchen in den Mixtopf füllen.
Eventuellen Flüssigkeitsverlust auf
1000 g Flüssigkeit auffüllen.

Saft 1 Zitrone
1000 g Rohrohrzucker
Mark ½ Vanilleschote
zugeben und **60 Min./Varoma/St. 2 ohne Messbecher** kochen.
Gareinsatz als Spritzschutz auf den Deckel stellen.
Gelierprobe machen!

Heiß in Schraubgläser füllen und kühl lagern. Hält sich bis zu einem Jahr.

- Entweder aufs Brot oder zum Süssen anstatt Agavendicksaft etc. verwenden.

Veta-sojafrei S.120

Walnuss-Schmelzkähse S.121

Paprikavurst S.122

Orient Aufstrich S.125

Hanf-Erdäpfelkäs S.125,
Hausmacher Lebensvurst S.124,
Türkischer Tofutieraufstrich S.123

Rote Linsen-Ananas Aufstrich S.126

Alle Rezeptfotos mit manchen Schritt für Schritt Erklärungen findet ihr unter
www.tierfreischnauze.de

Soja-Nussdrink

50 g getr. Sojabohnen
550 g Wasser

im Mixtopf **1 Min./St. 10** mixen.
25 Min./80°/St. 2 kochen.
Den Messbecher abnehmen und
5 Min./Varoma/St. 3 <u>mit Sichtkontakt</u>
weiterkochen... Sobald es anfängt
hochzukochen, paar Sekunden wieder
auf 80° stellen, dann wieder Varoma...
Kocht ca. 5 x hoch... Aufpassen!

Sojadrink verliert durch diesen Kochvorgang den bohnigen Geschmack.
Durch ein feines Sieb oder Säckchen in ein Gefäß abfiltern.

30 g Mandeln
50 g Cashews natur
10 g Kokosflocken
4 Datteln entkernt
550 g Wasser   in den Mixtopf geben und **1 Min./St. 10** mixen.

In das Gefäß mit dem Sojadrink abfiltern und vermischen.

Danke an Franziska für diesen Sojadrink-Kochtipp. ☺

Bibi's Nuss-Reisdrink

100 g Mandeln
70 g Kokosflocken
50 g Cashews natur
50 g Milchreis
1000 g Wasser

im Mixtopf **1 Min./St. 10** mixen.

Süßen nach Geschmack und durch ein feines Sieb oder Säckchen abfiltern.

- Der Rückstand lässt sich super einfrieren und kann z. B. für unser Hanf-Nussbrot S. 113 verwendet werden.
- Abfiltern gelingt genial einfach und ruckzuck mit einem einfachen, feinmaschigen Wäschesack/-Netz.
- Im Kühlschrank sind diese Milchersatzdrinks ca. 3 - 4 Tage haltbar.

Haferkorndrink

100 g ganzen Hafer in eine Schüssel füllen und mit heißem Wasser gut bedecken. Abdecken und 24 Std. fermentieren lassen. Abgießen (10 % vom Wasser für nächstes Mal auffangen), die Körner waschen und abgetropft in den Mixtopf füllen.
1100 g Wasser
ca. 5 cm Vanilleschote
20 g Sonnenblumenöl (nicht kaltgepresst)
1 Prise Salz

zu den Körnern füllen und **2 Min./St. 10** mixen.

Süßen nach Geschmack und durch ein feines Sieb oder Säckchen abfiltern.

- Den Haferrückstand könnt ihr nun zum Brotbacken verwenden.
- Abfiltern gelingt genial einfach und ruckzuck mit einem einfachen, feinmaschigen Wäschesack/-Netz.
- Vom abgegossenen Fermentiersud könnt ihr 10 % auffangen und beim nächsten Mal wieder zum Einweichen zugeben. So wird die 'Milch' immer besser.
Solange im Kühlschrank aufbewahren.
- Kaltgepresste Öle werden bei starkem Mixen bitter.
- Um einen optimalen, runden Geschmack zu erhalten, die Fermentierzeit einhalten.
- Im Kühlschrank sind diese Milchersatzdrinks ca. 3 - 4 Tage haltbar.
- Diese Variante schmeckt viiieeeel besser, als die mit Haferflocken. ☺

Supergreen-Hulk Smoothie

1 große Karotte in Stücken
1 Banane in Stücken
3 Orangen, ohne weiße Haut, in Stücken
1 Handvoll Salatblätter
20 g Löwenzahnblätter
20 g Weizen- oder Dinkelgras
1 EL Chia- oder geschälte Hanfsamen
1 EL Mesquite Pulver oder Lupinenmehl
1 EL Zitronensaft
30 g Kokosblütensirup
350 g Wasser im Mixtopf **1 Min./St. 10**.

- Warnung: Wenn ihr den getrunken habt, verwandelt ihr euch zu Hulk... ☺
- Löwenzahn könnt ihr gut durch Spinat austauschen und wer kein Weizen-/Dinkelgras hat, dieses durch Petersilie.
- Sehr erfrischend wird das Ganze auch mit Minze.

Apfel-Fenchel Drink

150 g Fenchel in Stücken
220 g Apfel in Stücken
100 g Zitrone ohne weiße Haut
vorhandenes Fenchelkraut
5 g frische Melisse
5 g frische Minze
75 g Kokosblütensirup
1000 g Wasser

im Mixtopf **1 Min./St. 10** mixen.

- Ein sommerlicher Drink, am besten eisgekühlt genießen und gsund isser allemal.

… und zum Schluss das Feinste ☺

Eyerpunsch

80 g Cashews natur
130 g Wasser

im Mixtopf **1 Min./St. 10** mixen.

30 g Vanillezucker
1 Pr. Salz
½ TL Zimt
300 g Orangensaft
400 g veganen Weißwein
40 g braunen Rum oder Amaretto
2 TL Lupinenmehl

zugeben und kurz auf St. 10 hochdrehen,
damit sich die Cashewmasse vom Deckel spült.
6 Min./80°/St. 2 aufkochen.
10 Sek./St. 6 durchmixen… schlürf… ☺

- Heiß oder kalt… beides lecker…

Advocaat - Eyerlikör

100 g Vollrohrzucker
150 g Mandeldrink

                        im Mixtopf **5 Min./70°/St. 2-3** schmelzen.

150 g weiche Avocado ohne Druckstellen
200 g weißen Rum
1 EL Orangensaft
Mark ½ Vanilleschote

                        zugeben und **30 Sek./St. 6-7** mixen.

In eine Flasche füllen und **1 Tag** im Kühlschrank ziehen lassen.
Er scheint nach dem Mixen etwas stark zu sein, aber das gibt sich.
Im Kühlschrank aufbewahren und zügig aufbrauchen.
Nach ein paar Tagen verändert er die Farbe...
Aber soviel ist es ja nicht, der ist gleich weg... ;-)

- Wusstet ihr, dass der bei uns bekannte Eierlikör aus Avocados gemacht wurde? Die Holländer haben diesen Likör wohl in Südamerika entdeckt, und da es in Holland keine Avocados gab, wurde dafür Eigelb verwendet. Wir führen den Likör also in den Urzustand zurück! Denn so schmeckts uns besser... ☺

Vaileys

130 g Cashews natur
270 g Wasser
120 g Vollrohr- oder Kokosblütenzucker
½ Messbecher starken Kaffee
½ TL Kakao
Mark ½ Vanilleschote

                        in den Mixtopf geben und **2 Min./St. 10** cremig mixen.

250 g irischen Whiskey

                        10 Sek./St. 3 einrühren.

In eine Flasche abfüllen und **1 Tag** im Kühlschrank durchziehen lassen.

- Vollrohr- und Kokosblütenzucker haben eine leicht karamellige Note, die für diesen Likör wichtig ist, deshalb diesen nicht durch eine andere Zuckersorte austauschen.
- Tipp: 100 g der Wassermenge durch Kokosdrink ersetzen.

Şerefe und Prost... auf euch!! ☺

Soja-Nussdrink S.132	Supergreen-Hulk Smoothie S.133
Eyerpunsch S.134	Apfel-Fenchel Drink S.134
Advocaad - Eyerlikör S.135	Vaileys S.135

Alle Rezeptfotos mit manchen Schritt für Schritt Erklärungen findet ihr unter
www.tierfreischnauze.de

Unser herzlichstes **D A N K E** an unsere
oberfleißigen Kontrollhelferlein
Petra und Helene.

D A N K E an unser
Design-Helferlein
Yıldırım Cem Yapa.

D A N K E an die größten Helfer überhaupt:
Unsere Männer! ☺

Ein spezielles **D A N K E** bekommt Yasmin,
die uns als Rezepte-Test-Köchin zur Verfügung stand.

Und **D A N K E** an Dich, weil Du dieses Buch gekauft hast!

Teşekkür ederiz

Bezugsquellen online:
- Seitanfix, Tofu, Rauchsalz und vieles mehr bei www.alles-vegetarisch.de
- Günstige Bruchvanilleschoten und Gewürze (z. B. geräuchertes Paprikapulver, sowie Hildegard von Bingen) bei www.madavanilla.de
- Alles von der Kokosnuss bei www.tropicai.com
- Schokolaaadeee bei www.chocqlate.com
- Lupinenmehl, Lupinenschrot, Paprikamark und weitere orientalische Zutaten bei www.orient-feinkost.de
- Feine Sojabohnen für Sojadrink und noch mehr bei www.biohof-lex.de
- BBQ Öl (Liquid Smoke - natürlicher Flüssigrauch) bei www.feuerundglas.de

Inhaltsverzeichnis alphabetisch:

1001 Nacht Eis 81
Advocaad – Eyerlikör 135
Ajvar 67
Ali-Baba's Dattelwolke 126
Amaranth-Kartoffellebkuchen 108
Amerikaner 97
Ananasschnitten – glutenfrei 99
Apfel-Fenchel Drink 134
Apfel-Gurken Eis 80
Aprikosenknödel 88
Avocado-Mohn Eis 80
Avocado-Remoulade 61
Bananen-Buchweizen Waffeln 85
Bärlauch Pesto 76
Bärlauchpaste 15
BBQ Soße 68
Belugabällchen 40
Bibi's Nuss-Reisdrink 132
Blueberry-Streusel Muffins 103
Broccoli-Power Rohkostsalat 21
Caponata – sizilianischer Gemüsetopf ... 56
Cevapcici 36
Chiapudding "Froschkönig" 79
Currypulver 16
Dattelcreme/Dattelsirup 128
Djuvec Reis 58
Erdnuss-Bärlauchsenf 65
Eyerpunsch 134
Farinata – Kichererbsenfladen 57
Feigen-Chili Soße 70
Feigenmus 127
Frittierte Saitühnchen mit griech. Reisnudeln .. 38
Fruchtige Chilimarmelade 127
Fruchtige Kürbis-Kokos Suppe 26

Gefüllte getrocknete Auberginen 42/43
Gefüllte Kohlrabi mit roter Soß' 48
Gefüllte Tomaten 23
Granatapfel-Essigsirup 14
Grünes Tomaten Chutney 62
Guten-Morgen-Müsli Brötchen 118
Haferkorndrink 133
Hanf-Erdäpfelkäs 125
Hanf-Nussbrot (Nussdrinkrückstandsv.) 113
Hausmacher Lebensvurst 124
Italy-Gewürzmischung 17
Karottenkuchen 97
Karotten-Sesam Rohkostsalat 22
Karottenspaghettibrot 115
Kartoffel-Hafer Knödel 59
Kernige Gemüse-Lupinenbratlinge 39
Kichererbsen-Nuss Waffeln 86
Kokos-Bananen-Stracciatella Eis 81
Körnchenbrot 114
Krapfen 104
Kräuter-Polenta 57
Krautkrapfen nach Mama Hoser 45
Kürbis-/Sellerieschnitzel 49
Kürbisbrot 111
Kürbis-Brownies 96
Kürbissuppe orientalisch 25
Leinsamen-Beeren Pudding 78
Limetten-Ingwer Augen 106
Linsenbolognese 71
Linsenbraten (Festtagsrezept) 55
Linsen-Gnocchi 44
Löwen-Sirup 130
Lupineneis Vanille 83

Malzbier-Flockenbrot	112
Maronen-Sesam Suppe	27
Mediterranes Faltenbrot	110
Minifladen an geschm. Fenchel-Tomaten	52/53
Minzsoße mit Zucchinispaghetti	69
Mungobohnen-Granatapfel Salat	22
Nougat-Mohn Taler	106
Ofenschnecken (partytauglich)	34
Orangen-Kokos Parfait	82
Orangen-Linsensoße	72
Orangen-Löwengelee	129
Orangenschnitten libanesisch – glutenfrei	100
Orient Aufstrich	125
Orientalisches gelbes Linsenpüree	20
Orient-Express Hörnchen	117
Österr. Mohn-Apfelkuchen	93
Paprikavurst / Aufschnitt	122
Pina Colada-Quark Torte	94/95
Pizzasoße auf Vorrat	66
Pressknödel	33
Räuchertofu-Ragù	74
Reis-Mais-Hirse Waffeln	85
Rhabarber-Ketchup	64
Rhabarber-Löwenzahn Kompott	86
Rohkostpudding Schoko-Chili	78
Rohkost-Sommersoße	69
Rohkosttorte Marzipan-Karotte – glutenfrei	102
Rosenkohl-Hirsotto	50
Rosinen-Zimtstrudelbrot	116
Rote Linsen-Ananas Aufstrich	126
Rotkohlsuppe	31
Rucola Pesto	76
Salatkräuter-Mischung	17
Salbei-Zitronen Pesto	75
Saure Austernpilze	37
Schlesische Hefeklöße mit Heidelbeersoße	87
Schokolaaadeee für alle Fälle	89
Schoko-Nuss Bolla	90
Schokotraumtorte ohne backen	101
Schoko-Zwetschgenstreich	128
Schwäbische Schupfnudeln mit med. Kraut	41
Schwarzwälder-Kirschbombe	92/93
Shiitake-Fenchel Risotto	51
Soja-Nussdrink	132
Sonnenblumencreme-Kräuterdressing	61
Spargelpizza	35
Spargelreste Suppe	30
Spargelsoße auf Vorrat	75
Supergreen-Hulk Smoothie	133
Süß/scharfer Rhabarbersenf	66
Süßer Feigensenf	65
Tahin – Sesampaste	14
Tempehzola-Spinatsoße	73
Türkische grüne Bohnen	54
Türkische Manti – gefüllte Teigtaschen	46/47
Türkische Mehlkekse	107
Türkischer Tofutieraufstrich	123
Türkisches Ezme	23
Vaileys	135
Veta – sojafrei	120
Vleischgewürz	16
Vleischsalat	123
Vondor	15
Walnuss-Schmelzkäse	121
Weihnachtsgewürz	18
Weihnachtskuchen	105
Wilde Kräutersuppe	29
Zucchini-Paprika Chutney	63
Zucchini-Pastinaken Suppe	28
Zupfkuchen – sojafrei	98
Zwetschgenmichl mit Vanillesoße	84

140